Le livre des patiences

Couverture
- Conception graphique:
  ANNE BÉRUBÉ
- Photo:
  MARYSE RAYMOND

Maquette intérieure
- Conception graphique:
  LAURENT TRUDEL
- Photocomposition:
  COMPOTECH INC.
- Photos:
  BERNARD PETIT
- Montage des cartes:
  MARTINE PROULX

DISTRIBUTEURS EXCLUSIFS:

- Pour la Belgique et le Luxembourg:
  PRESSES DE BELGIQUE S.A.
  Boulevard de l'Europe 117
  B-1301 Wavre
  Tél.: (10) 41-59-66
  (10) 41-78-50
  Télécopieur: (10) 41-20-24

- Pour la Suisse:
  TRANSAT S.A.
  Route des Jeunes, 4 Ter
  C.P. 125
  1211 Genève 26
  Tél.: (41-22) 342-77-40
  Télécopieur: (41-22) 343-46-46

- Pour la France et les autres pays:
  INTER FORUM
  Immeuble ORSUD, 3-5, avenue Galliéni, 94251 Gentilly Cédex
  Tél.: (1) 47.40.66.07
  Télécopieur: (1) 47.40.63.66
  Commandes: Tél.: (16) 38.32.71.00
  Télécopieur: (16) 38.32.71.28
  Télex: 780372

Le livre des patiences

MARIA BEŽANOVSKA
PAUL KITCHEVATS

LES ÉDITIONS DE L'HOMME*
CANADA: 955, rue Amherst, Montréal H2L 3K4

*Division de Sogides Ltée

Données de catalogage avant publication (Canada)

Bežanovska, Maria

Le livre des patiences

2-7619-0659-4

1. Réussites (Jeux). I. Kitchevats, Paul. II. Titre.

GV1261.B49 1987 795.4'3 C87-096111-X

Bibliothèque nationale du Québec
Dépôt légal — 1er trimestre 1987

ISBN 2-7619-0659-4

Avant-propos

Nous nous intéressons aux patiences, ou réussites, depuis plus de trois décennies. Cependant, le jour où nous nous sommes penchés sur ce sujet un peu plus sérieusement, nous nous sommes aperçus que, parmi le nombre considérable de patiences que nous avions apprises, nous n'en avions retenu que très peu. Chaque fois que nous avons demandé à un ami de nous faire connaître une nouvelle patience, ou de nous en rappeler une «ancienne», il a répondu par une question: «Connaissez-vous celle-ci?» ou «Est-ce celle-là?», et les cartes prenaient place sur la table.

Nous tournions ainsi dans un petit cercle de quelques patiences «actuelles».

Il nous arrivait d'entendre des descriptions différentes d'une même patience, ce qui nous a permis de constater que les règles d'un même jeu pouvaient varier. Parfois, le vocabulaire de ces mêmes règles était si différent que nous avions beaucoup de mal à nous y retrouver...

Aussi avons-nous décidé de noter, au fur et à mesure, les règles des patiences que nous apprenions tout au long de nos voyages à travers le monde, où nous avons rencontré des gens séduits comme nous par ce jeu. Petit à petit, les notes que nous prenions pour ne pas oublier les règles des nouvelles patiences augmentaient, de même que notre tentation de partager ce plaisir. C'est ainsi qu'est née l'idée d'écrire ce livre.

Notre projet a suscité chez nos amis un enthousiasme extraordinaire qui nous a beaucoup encouragés. Mais, en même temps, nous avons pris conscience d'une grande responsabilité: Entre plusieurs centaines de patiences qui sont pratiquées dans le monde, nous devions choisir les plus intéressantes. Dans ce but, nous avons effectué une enquête très sérieuse auprès des amateurs de patiences.

L'analyse des réponses nous a permis de constater que les goûts sont très variés; la patience que les uns préfèrent n'intéresse pas les autres, et vice versa. Les patiences sont, dirions-nous, aussi diverses que les êtres humains. Selon son caractère et son humeur, chacun choisira un type de jeu particulier. Certains aiment les difficultés et sont toujours prêts à s'armer de persévérance au risque de ne jamais réussir, alors que d'autres ne cherchent dans les patiences que la distraction, une joie momentanée ou la détente... D'aucuns s'y emploient avec réflexion, d'autres jouent dans le seul but de se divertir.

Néanmoins, tous les amateurs de réussites éprouvent le désir d'apprendre; ils sont tous plus ou moins disposés à persévérer et à faire preuve de patience, d'où le nom de ce jeu.

Nous avons essayé d'explorer l'histoire des jeux de patience, mais après avoir étudié presque toute la littérature portant sur le sujet — qui est d'ailleurs très limitée —, nous n'avons trouvé nulle part la réponse à la question de savoir qui a inventé la première patience, et quand.

Dressons d'abord un bref historique des cartes à jouer.

On sait que les cartes ont été inventées au XIIe siècle en Corée et en Chine, et que ce jeu était alors une distraction exclusivement féminine. Puis les cartes ont rapidement charmé les Indes et la Perse. La chronique de Sandro di Pido, qui a été publiée en 1299, évoque pour la première fois la présence de cartes à jouer en Europe... Un autre texte affirme que les cartes ont été apportées en Occident par les Croisés. Selon d'autres sources encore, elles n'auraient pénétré en Europe qu'en 1379, en passant par l'Italie. Le père Menestrier (1631-1705) a noté: «Cette année 1392 fut l'année malheureuse en laquelle le roi Charles VI tomba en frénésie, et ce fut pour le divertir durant cette maladie que l'on inventa le jeu des cartes.» Certains textes du XIVe siècle relatent l'influence des cartes sur les gens et sur la langue... Non, nous n'exagérons en rien. Savez-vous qu'il existe aujourd'hui plus de quatre cents expressions qui tirent justement leurs racines des cartes? En voici quelques-unes: «Laisser passer le jeu», «c'est un drôle d'atout», «donner carte blanche à quelqu'un», «bien cacher ses cartes», «brouiller les cartes», «jouer cartes sur table», «jeter les cartes au visage de quelqu'un», «un château de cartes», «le dessous des cartes», «on ne sait jamais avec lui de quoi il retourne», etc. L'histoire a noté que le roi de France Charles VI, en 1392, avait payé en or pur un artiste pour qu'il lui dessine trois jeux de cartes... Dessiner? Oui, car, avant la découverte de la gravure sur bois (1420-1430) et celle de l'imprimerie par Gutenberg, les cartes étaient faites à la main...

C'est à Ulm, une petite ville allemande, que l'on fabrique des cartes en série pour la première fois, ce qui en a, bien sûr, fait baisser le prix...

On fabrique aujourd'hui plusieurs sortes de cartes à jouer: françaises, allemandes et italo-espagnoles. Jusqu'au XVIIe siècle, les noms des Rois, des Dames et des Valets variaient beaucoup: Les Rois portaient le nom de monarques connus (Alexandre, David, César, Charles), les Dames portaient le nom de déesses et de reines (Minerve, Argine — qui est l'anagramme de *Regina* —, Rachel, Judith), alors que les Valets portaient le nom de grands guerriers (Hector, Lancelot, Lahire, Ogier).

Le père Menestrier a proposé une hypothèse sur le symbolisme des figures. Voici ce qu'il écrit: «La composition de notre jeu de cartes, de roys, de dames, de valets, d'as, avec des images de coeurs, de piques, de trèfles et de carreaux, fait voir que l'on voulut que ce jeu fût instructif, en même temps qu'il servirait au divertissement avec cette différence des échecs que, ce jeu-là étant une image de guerre et d'un combat, on voulut que celui-ci représentât un État paisible et l'État politique composé de roys, de reynes, de vassaux et de quatre corps (...), les ecclésiastiques représentés par les coeurs, parce que les ecclésiastiques sont gens de coeur (...), la noblesse militaire par les piques, qui sont les armes des officiers, les bourgeois par les carreaux, qui sont le pavé de leurs maisons, et les gens de la campagne par les trèfles.»

La Révolution française a gommé des cartes à jouer toute trace de couronnes et de lys, et les figures sur les cartes à jouer sont devenues celles des révolutionnaires et des paysans.

De nos jours, les couleurs et les figures des cartes à jouer varient selon la région: Roi, Ober, Unter, Fille, Dame, Valet, Garçon, Gendarme, Chasseur, As, etc. Pour les couleurs: pique, carreau, coeur, trèfle (d'origine française), mais aussi: pavot, gland, verte, feuille, rouge, citrouille, coupe, épée, dénari, spade, trois-feuilles, lance... et tant d'autres noms locaux pour les couleurs et les figures.

Mais qui donc a inventé les patiences?

Dans un vieux manuscrit chinois, il est écrit que les cartes à jouer servaient exclusivement au divertissement des femmes des mandarins et des hommes riches. On ne précise pas pour autant de quel divertissement il s'agissait, mais il est très probable que les cartes, dès leur apparition, furent employées à des jeux ressemblant aux patiences.

Une autre hypothèse veut que les patiences aient été inventées par Napoléon, cela sans doute parce que plusieurs d'entre elles portent le nom de l'empereur. Il est malheureusement impossible de prêter trop de foi à de telles affirmations, mais toujours est-il qu'il existe une légende affirmant que Napoléon, avant chaque bataille, ouvrait une patience en croyant que s'il la réussissait, il gagnerait le combat... Difficile à prouver, encore une fois. Mais connaissant bien ces jeux, nous pensons que Napoléon y trouvait détente, apaisement, repos et divertissement.

La recherche et la notation des patiences ont constitué pour nous une entreprise laborieuse, mais le plus ardu a été sans aucun doute l'attribution des noms aux patiences. Généralement, les joueurs que nous avons interrogés désignaient les réussites qui leur étaient familières à l'aide des vocables «celle-ci» ou «celle-là». Souvent aussi, la même patience portait des noms différents, ce qui ne nous facilitait pas la tâche.

Nous avons consulté un nombre important de joueurs passionnés. Mais, chose curieuse, beaucoup d'entre eux n'osaient pas avouer leur amour pour les patiences. Certains, en apprenant notre intention d'écrire un livre, «abattaient leur jeu» et nous parlaient en détail des patiences qu'ils préféraient et des raisons de leurs choix. Nous avons été surpris de constater que c'étaient souvent des gens dont on disait qu'ils n'avaient pas un moment de libre. Nous avons également constaté que les patiences sont très appréciées à la fois par les jeunes et par les vieux, par les personnes solitaires et par celles qui aiment la compagnie. En un mot, les passionnés de patiences sont des gens de tous profils et de toutes professions.

Certaines encyclopédies avancent que les patiences sont des «jeux de cartes aux nombreuses variantes pour une seule personne». C'est faux! Les patiences peuvent aussi être jouées à deux ou à plusieurs. Nous avons rencontré des familles où le rituel de l'ouverture des patiences est lié aux instants libres d'au moins deux personnes... Hormis les cartes, un peu de temps libre et un coin de table sont les seuls éléments nécessaires à l'ouverture d'une patience.

Nous vous conseillons, avant de prendre les cartes en main, de lire le texte complet expliquant une patience. Puis faites quelques essais. Décidez seulement après coup si vous l'acceptez ou la rejetez. Il est indispensable de procéder ainsi pour ressentir la véritable beauté d'une patience.

Au cours de notre travail, nous avons éprouvé le besoin d'établir un petit lexique. Il a donc fallu uniformiser ces termes et locutions afin de faciliter au lecteur la compréhension du texte.

On oublie rapidement les patiences. Il nous est rarement arrivé de rencontrer quelqu'un qui soit capable d'en faire plus de trois ou quatre. Laissez-nous vous raconter une petite anecdote qui nous est arrivée: Un ami, ayant appris notre intention d'écrire ce livre, est venu nous voir afin d'apprendre une nouvelle patience. Quelle ne fut pas notre surprise lorsqu'il se dit ravi de découvrir une patience qu'il nous avait pourtant apprise quelques jours auparavant. Il l'avait complètement oubliée!

Lexique

Animateur du jeu: Celui qui manipule les cartes lors d'un jeu à deux ou à plusieurs personnes.

Bénéfice: Manipulation dont les règles permettent l'exécution une ou plusieurs fois afin de faciliter le jeu.

Carte bloquée: Carte se trouvant dans une situation où elle ne peut plus être utilisée.

Carte cachée: Carte dont la face, ou figure, est invisible.

Carte chevauchée: Carte qui est partiellement recouverte par une autre carte.

Carte couverte: Carte entièrement cachée par une autre carte.

Carte de base: Carte sur laquelle on construit une pile de même couleur dans l'ordre ascendant ou descendant.

Carte découverte: Carte qui est posée de façon que la figure en soit visible.

Carte déplacée: Carte dont la position est modifiée selon la règle du jeu. Cette manoeuvre peut se faire d'après la valeur de la carte ou sa couleur.

Carte glissée: Carte posée sous une autre ou sous une pile. Elle peut être face cachée ou face découverte.

Carte libérée: Carte qui, grâce à la manipulation précédente de l'animateur du jeu, peut désormais être utilisée.

Cartes comptées: Cartes que l'animateur du jeu retourne non pas une par une, mais trois par trois.

Cartes inférieures: Les Deux, les Trois, les Quatre, les Cinq, les Six et parfois les As, lorsqu'ils ont la valeur de un.

Cartes supérieures: Les Sept, les Huit, les Neuf, les Dix, les Valets, les Dames, les Rois et parfois les As, lorsqu'ils sont plus forts que les Rois.

Couleur: Chacune des quatre marques: coeur, carreau, trèfle, pique. (Ne pas confondre avec la couleur de ces marques: rouge ou noire.)

Emprunt: Possibilité offerte au joueur de réintégrer dans le jeu une carte déjà sortie à condition qu'elle soit sur le dessus d'une pile.

Espace libre: Place rendue vacante par le mouvement des cartes. L'espace libre peut représenter la valeur d'une carte ou d'une colonne entière.

Jeu bloqué: Situation où tout effort pour continuer le jeu est inutile.

Pile à l'As (au Roi, au Dix, etc.): Pile de cartes dans la couleur de l'As (du Roi, du Dix, etc.) en ordre ascendant ou descendant, selon la règle du jeu.

Pile de cartes cachées: Pile de cartes dont la face est tournée vers la table.

Pile de cartes découvertes: Pile de cartes dont la face est visible.

Pile définitive: Pile de cartes ordonnées dont la formation constitue le but d'une patience. Elle est dite à l'As, au Roi, etc., selon la valeur de sa carte de base.

Pile de réserve: Pile de cartes posées à part, face visible, qui, lorsque l'occasion se présente, entrent dans le jeu.

Pile double: La plupart des règles exigent qu piles soient ordonnées de l'As au Roi. Lorsque règles permettent de continuer la pile, c'est-à-dire d poser, après le Roi, à nouveau l'As puis le Deux, le Trois et ainsi de suite, cela s'appelle une pile double.

Rangée: Alignement horizontal des cartes.

Série: Suite de cartes disposées selon la règle du jeu. Elle peut être *pure* (quand les cartes sont ordonnées dans la couleur) ou *impure* (quand les cartes sont ordonnées dans les différentes couleurs).

Solitaire: Carte posée seule et à part dans le tableau de base et qui sert de point de départ pour une manoeuvre.

Sortir une carte: Retirer, selon les règles du jeu, une carte du tableau de base.

Tableau de base: Les cartes disposées sur la table au début du jeu et avec lesquelles on exécute l'ouverture de la patience.

Talon: Paquet de cartes non distribuées restant après la formation du tableau de base.

Valeur des cartes: Chaque patience a ses règles qui déterminent la valeur des cartes. Ainsi, dans certaines patiences, la valeur de l'As n'est pas de un; il est alors plus fort que le Roi.

PETIT NAPOLÉON

eu de 52 cartes sans Jokers.

ase

Battez soigneusement les cartes. Disposez-les ensuite en 4 rangées de 13 cartes chacune. Toutes les cartes sont placées. Toutes sont à découvert.

Il est essentiel de déposer les cartes une à une telles qu'elles se présentent dans le jeu battu et en les plaçant l'une à côté de l'autre, de gauche à droite. Commencez par la rangée supérieure, chaque nouvelle rangée se plaçant au-dessous de la précédente. Vous avez disposé les 52 cartes (13 × 4) et n'avez plus rien en main.

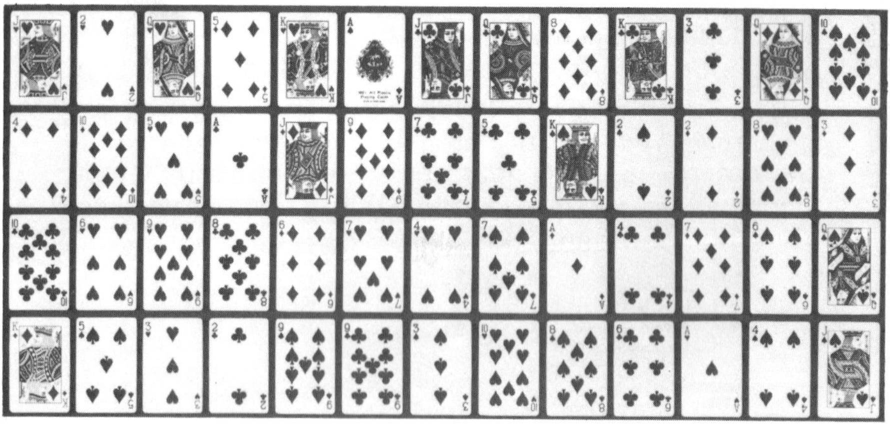

PHOTO 1

Ouverture

Les cartes étant découvertes, vous pouvez voir où sont les As. Retirez-les du jeu et placez chacun d'eux à la tête d'une rangée (c'est-à-dire à gauche), n'importe laquelle. L'As ainsi placé impose sa couleur à la rangée qu'il commande. Votre but consiste alors à construire à partir des As des rangées de même couleur en ordre ascendant, l'As étant suivi du Deux, lequel précède le Trois, et ainsi de suite jusqu'au Roi, qui est la valeur la plus forte, en dernière position à droite.

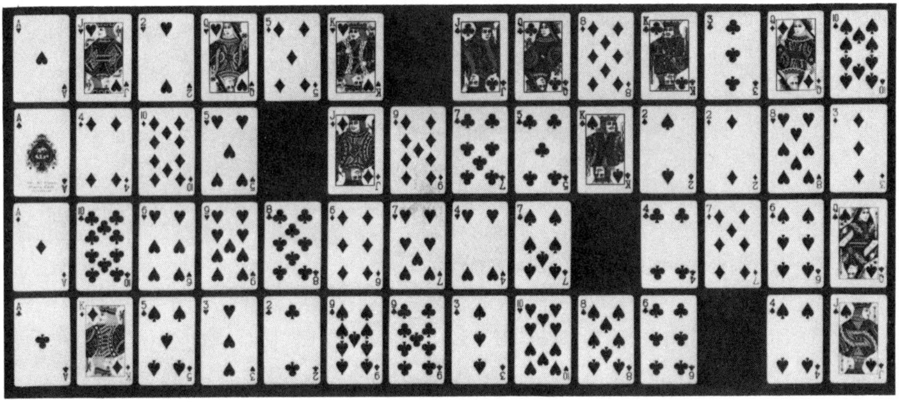

PHOTO 2

Déroulement de la 1re phase du jeu

Chaque fois que vous enlevez un As du tableau et que vous le placez en tête d'une rangée, vous libérez un espace de la valeur d'une carte. C'est par l'utilisation de cet espace libre que vous effectuez les manoeuvres conduisant à modifier l'ordre des cartes.

La patience est réussie lorsque vous obtenez 4 rangées de cartes ordonnées dans la couleur de l'As qui les précède et dans l'ordre ascendant (As, Deux, Trois, etc., jusqu'au Roi).

La règle principale: *Chaque espace libre ne peut recevoir qu'une carte de la même couleur que celle se trouvant à gauche de cet espace libre et de valeur immédiatement supérieure.*

Exemple: À gauche de l'espace libre se trouve le Valet de coeur; vous ne pouvez placer dans cet espace que la Dame de coeur et aucune carte de valeur ou de couleur différentes.

Un autre exemple: Si, à gauche de l'espace libre, se trouve le Six de pique, vous ne pouvez y placer que le Sept de pique.

Pour plus de clarté, reportez-vous à la photo 2.

Dans la 2e rangée, le Cinq de coeur est à gauche de l'espace libre: vous y placerez le Six de coeur. Dans la 3e rangée, l'espace libre est à droite du Sept de pique; vous y placerez le Huit de pique. Dans la 4e rangée, vous mettrez le Sept de trèfle dans l'espace libre.

En déplaçant les cartes pour combler les vides, vous créez de nouveaux espaces libres où d'autres cartes viendront se placer. Continuez le jeu selon cette stratégie et en respectant la même règle: *carte supérieure à droite de la carte inférieure de la même couleur*. Il existe une **seconde règle**. *Quand la carte qui est à gauche d'un espace libre est un Roi, on ne peut rien mettre dans cet espace* parce qu'il n'existe pas de carte supérieure au Roi. On a donc, dans cette situation, perdu l'usage d'un espace libre. La bonne méthode consiste à ne pas toucher à une carte qui se trouve à la suite d'un Roi.

Votre progression dépend, par conséquent, de la faculté de prévoir quelles seront les conséquences des déplacements que vous effectuez.

Au moment où vous vous trouvez avec un espace libre à droite de chaque Roi, la première phase du jeu prend fin.

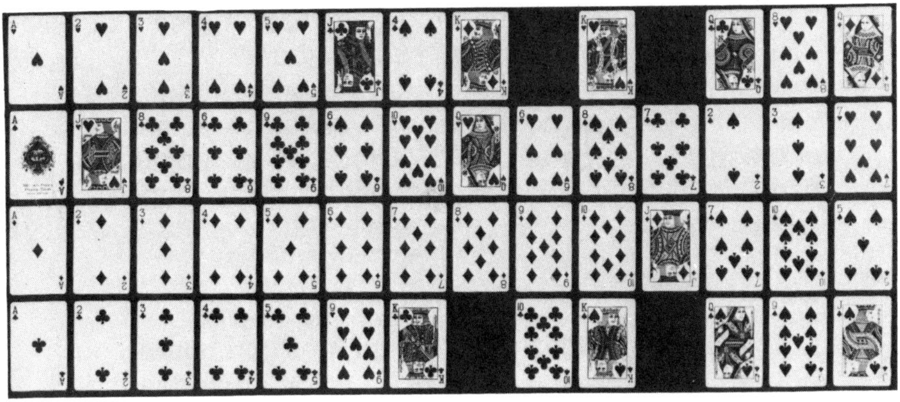

PHOTO 3

Déroulement de la 2ᵉ phase du jeu

Lorsqu'il n'y a plus d'espaces libres, enlevez du tableau toutes les cartes qui ne se trouvent pas à leur place.

Exemple: La 1re rangée est en coeur; vous avez placé, à partir de l'As de coeur, le Deux, le Trois, le Quatre et le Cinq de coeur. Les autres cartes de la rangée ne sont pas à leur place. Dans la 2ᵉ rangée, il n'y a, à la suite de l'As, aucune carte à la place qui lui est assignée. Dans la 3ᵉ rangée, avec l'As de carreau, il y a le Deux, le Trois, le Quatre, le Cinq, le Six, le Sept, le Huit, le Neuf, le Dix et le Valet. Enfin, dans la 4ᵉ rangée, à la suite de l'As de trèfle, vous avez aligné les Deux, Trois, Quatre et Cinq de trèfle.

Ces cartes restent en place. Rassemblez toutes les autres en un paquet que vous battez avec soin.

Deuxième tableau

Avec les cartes que vous avez retirées du jeu et battues, vous complétez les rangées pour arriver à un nombre total de 13 cartes partout. Prenez bien soin de laisser un espace libre entre les cartes déjà en place dans le tableau et celles que vous ajoutez.

Si vous avez déjà constitué, à partir du tableau de base, une rangée complète en bon ordre et dans la couleur de l'As qui en est à la tête, n'ajoutez aucune carte après le Roi. En ce qui concerne cette rangée, le jeu est fini.

Déroulement du jeu

Vous appliquez ici les mêmes principes qui gouvernaient les manoeuvres à l'étape précédente du jeu, c'est-à-dire que vous comblez chacun des espaces laissés libres avec une carte de même couleur que celle se trouvant à gauche de ce vide et de valeur immédiatement supérieure.

Quand le jeu est bloqué, parce que chacun des Rois a un espace libre à sa droite, vous retirez encore une fois du jeu les cartes qui ne sont pas à leur place et vous les battez pour former le 3ᵉ tableau.

Troisième tableau

Voici votre dernière chance de réussir.

Procédez comme pour le 2ᵉ tableau, c'est-à-dire complétez les rangées afin qu'il y ait 13 cartes partout, en laissant un espace libre entre les cartes qui sont déjà à leur place et celles que vous ajoutez. Comblez ces espaces libres selon les mêmes règles que dans les 2 autres tableaux.

Si, après le 3ᵉ tableau, vous avez aligné toutes les rangées dans l'ordre prévu et dans la couleur de l'As placé en tête, la patience est réussie.

Le Petit Napoléon est à la portée de tous. Comme vous le voyez, ses règles ne sont vraiment pas compliquées.

Il faut faire plusieurs *Petit Napoléon* sans trop réfléchir pour en apprécier le charme. Il vous paraîtra de plus en plus évident que vos chances de succès à ce jeu dépendent de votre perspicacité. On dit que *Le Petit Napoléon* plaît particulièrement aux joueurs d'échecs qui, de leur côté, affirment que ce sont les meilleurs d'entre eux qui ont le plus de chances d'y réussir. Nous n'avons pas fait de vérifications!

La simplicité de ses règles donne au *Petit Napoléon* un grand avantage. Le joueur doit être attentif, concentré et perspicace. Le fait de battre les cartes entre les tableaux rompt la monotonie du jeu tout en renouvelant les chances.

LE PETIT NAPOLÉON À DEUX

Cette patience peut se jouer à 2. Les joueurs, tour à tour, procèdent à l'ouverture de la patience. Puis, quand le jeu est terminé, on compte ses points de la façon suivante:

- Chaque carte alignée en bon ordre dans les rangées commandées par un As apporte 4 points positifs.
- Les cartes dans le désordre apportent chacune 2 points négatifs.

Les points obtenus par les joueurs après une patience réussie sont comptés de la façon suivante:

- Le tableau de base apporte 400 points et 4 points pour chacune des cartes mises dans l'ordre (400 + 208 = 608 points).
- Le 2e tableau apporte 300 points et 4 points pour chacune des cartes en ordre (300 + 208 = 508 points).
- Le 3e tableau apporte 200 points et 4 points pour chacune des cartes en bon ordre (200 + 208 = 408 points).

- Pour chaque rangée à l'As complétée avec le 1er tableau, comptez 50 points et 4 points pour chacune des cartes en bon ordre (50 + 52 = 102 points).
- Pour chaque rangée à l'As complétée avec le 2e tableau, comptez 30 points et 4 points pour chacune des cartes bien placées (30 + 52 = 82 points).
- Pour chaque rangée à l'As complétée avec le 3e tableau, comptez 20 points et 4 points pour chacune des cartes bien placées (20 + 52 = 72 points).

Ce n'est qu'une façon parmi tant d'autres possibles de compter les points pour le cas où cette patience est réalisée comme une partie de cartes à 2.

Ajoutons encore ceci: La légende dit que Napoléon jouait souvent à cette réussite qui porte son nom. Cependant, l'adjectif «petit» n'est nullement appliqué à l'empereur lui-même, mais à la simplicité de cette version. Notez que vous pouvez tenter *Le Petit Napoléon* avec 2 ou même 4 jeux de cartes.

PREMIÈRE VARIANTE: FACILE-DIFFICILE

La seule différence avec le jeu de base se situe dans la façon de composer le tableau de base.

Tableau de base

Disposez toutes les cartes découvertes en 4 rangées de 13 cartes chacune et en laissant un espace libre à droite de la première carte de chaque rangée. Le déplacement des cartes se fait à partir de ces espaces libres. *Ne retirez pas les As du jeu.*

Le jeu ne commence donc pas avec le placement des As à gauche des rangées, mais c'est en utilisant différentes combinaisons que vous les y amenez.

Toutes les autres règles de cette variante sont les mêmes que celles du jeu de base.

DEUXIÈME VARIANTE: PLUS-MOINS

Cette variante vous donne l'occasion de réfléchir plus intensément pour arriver à des combinaisons plus complexes. Notez une règle de base qui la différencie des deux formes précédentes.

Le tableau de base et le procédé d'ouverture sont les mêmes que précédemment, mais *les espaces libres créés par le déplacement des As peuvent ici être comblés, ou bien par une carte de valeur immédiatement supérieure et de même couleur que celle de la carte se trouvant à gauche de cet espace libre, ou bien par une carte de valeur immédiatement inférieure (toujours de même couleur) à celle de la carte se trouvant à droite de cet espace libre.* D'où le nom de cette variante: *Plus-moins.*

Toutes les autres règles sont identiques à celles du jeu de base.

LES RANGÉES MÉLANGÉES

Prenez un jeu de 52 cartes sans Jokers.

Tableau de base

Après avoir battu les cartes, tirez-les une à une dans l'ordre où elles se présentent et disposez-les d'abord en 4 rangées constituées de 4 cartes découvertes suivies de 4 cartes cachées. Disposez la 2e rangée de manière à ce qu'elle chevauche la 1re, et ainsi de suite jusqu'à la fin.

À partir de la 5e rangée, continuez à déposer les cartes de la même façon, mais en les découvrant toutes.

Pendant que vous disposez ainsi les cartes, *sortez les As du jeu quand ils se présentent à découvert et déposez-les dans une rangée séparée, face découverte, au-dessus des 4 premières cartes du tableau.*

Si les As restent cachés, puisqu'il y a des cartes que vous ne retournez pas, ils ne seront sortis qu'au moment où vous les découvrirez au cours du jeu.

Le tableau achevé, il ne vous reste plus de cartes en main.

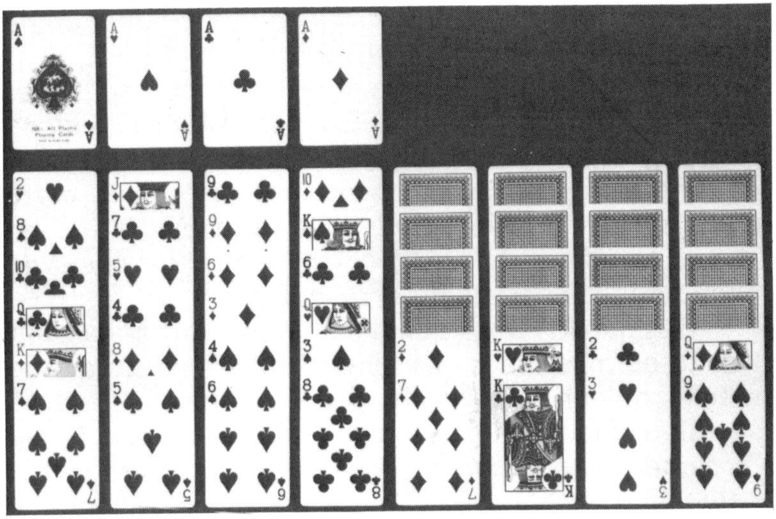

PHOTO 1

Vous avez:

1. Le tableau de base composé de 4 colonnes de cartes découvertes et de 4 colonnes dont les 4 premières cartes sont cachées.

2. La rangée des As que vous avez sortis. Il peut y avoir 1, 2, 3 ou 4 As de sortis, ou encore aucun.

3. Il ne vous reste aucune carte en main.

4. Les As sortis manquent au tableau. Dans notre exemple de la photo 1, les 4 As sont sortis. Si un ou plusieurs As sont cachés, le tableau compte une 7ᵉ rangée de 1, 2, 3 ou 4 cartes.

Déroulement

Le but du jeu consiste à:

- sortir les As;
- sortir les autres cartes en les déposant sur les As, et en respectant l'ordre des valeurs.

La patience est réussie lorsque toutes les cartes

du tableau forment 4 piles à l'As dans la couleur de ce dernier et dans l'ordre ascendant.

Première règle: *Chaque carte peut venir se placer sur la carte de valeur immédiatement supérieure dans la même couleur pourvu que cette carte soit libre, en bas de colonne. Donc: carte inférieure sur carte supérieure de même couleur.* Si la carte déplacée n'est pas elle-même en bas de la colonne, elle entraîne avec elle toutes les cartes qui la recouvrent.

Dès que les Deux sont libérés, vous les placez sur les As et vous les faites suivre des autres cartes de même couleur qui sont libérées à leur tour.

Deuxième règle: *Une carte cachée ne peut être retournée que lorsqu'elle se retrouve au bas de sa colonne.*

Troisième règle: *Lorsque toute une colonne est déplacée, il reste un espace libre. On ne peut y placer qu'un Roi.* Cela pour la simple raison que le Roi est la carte la plus forte.

Exemples (*Voir* la photo 1): La première colonne contient de haut en bas les cartes suivantes: Deux de coeur, Huit de pique, Dix de trèfle, Dame de trèfle, Roi de carreau, Sept de pique. En observant les cartes qui se trouvent en bas des différentes colonnes, vous notez ceci: Il y en a une qui se termine par le Neuf de pique; une autre par le Trois de coeur; puis une par le Roi de trèfle, etc.

Vous avez le choix entre les manoeuvres suivantes:

1. Déplacer le Deux de coeur, accompagné des cartes qui le recouvrent et dont vous ne changez pas l'ordre, et le déposer sur le Trois de coeur.

2. Déplacer la Dame de trèfle et la poser sur le Roi de trèfle avec, bien entendu, les cartes qui la recouvrent.

3. Déplacer le Huit de pique, accompagné des cartes qui le recouvrent, et déposer le tout sur le Neuf de pique.

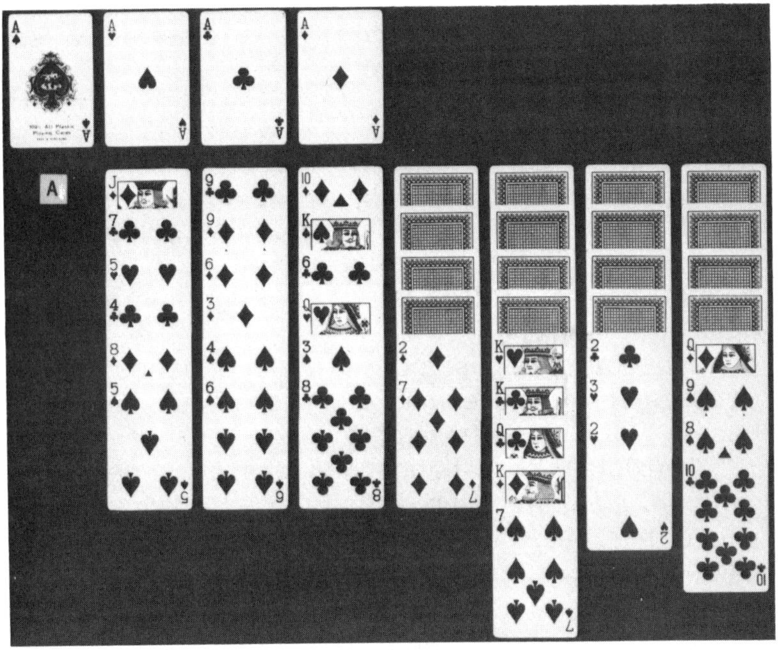

PHOTO 2

En observant la photo 2, vous verrez que nous avons effectué les manoeuvres suivantes:

1. Le Deux de coeur, avec sa colonne, a été placé sur le Trois de coeur.

2. Le Huit de pique, faisant partie de cette même colonne déplacée, a été posé sur le Neuf de pique.

3. Le Deux de coeur libéré sera sorti sur l'As de coeur, suivi du Trois de coeur.

4. Le Deux de trèfle alors libéré ira sur l'As de trèfle.

La première colonne ayant été déplacée entièrement, il est resté un espace libre (A).

Cet espace libre ne peut recevoir aucune autre carte qu'un Roi, mais on peut y placer n'importe quel Roi. Si celui-ci se trouve au bas d'une colonne, déplacez-le seul; s'il est recouvert par d'autres cartes, déplacez-le avec ces cartes.

Note sur la stratégie

Dégagez les cartes faibles le plus vite possible afin de les placer sur l'As de leur couleur. Empressez-vous aussi de libérer les cartes cachées, car elles vous permettront souvent de faire des progrès importants dans votre jeu.

Ne comptez pas réussir cette patience à tout coup: elle est difficile, mais elle laisse peu de place au hasard. Votre réussite viendra de votre concentration.

Il existe à la patience *Rangées mélangées* une variante, *L'Impure*, plus difficile, avec des règles un peu différentes, que nous vous présentons maintenant.

VARIANTE: L'IMPURE OU LES COULEURS CROISÉES

Prenez et battez un jeu de 52 cartes sans Jokers.

Tableau de base

Le tableau de base est le même que pour le jeu de base (*voir* à la page 27); ainsi, vous sortez les As du jeu à mesure qu'ils se présentent.

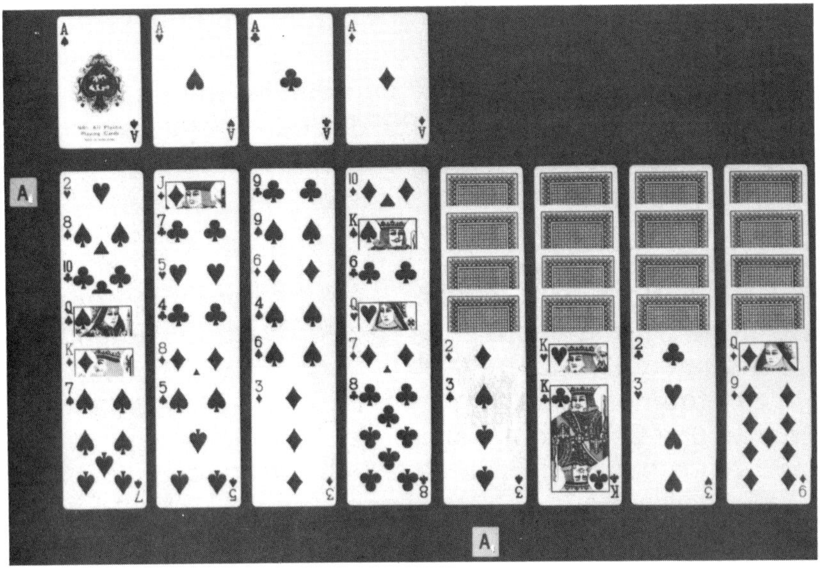

PHOTO 1

Ouverture

Comme c'était le cas dans le jeu de base, votre but consistera à sortir du tableau et à placer sur chaque As et dans sa couleur la suite des cartes en ordre de valeur ascendante du Deux au Roi.

Règle: *Vous devez placer une carte sur une autre carte de valeur supérieure de couleur opposée, c'est-à-dire rouge sur noir ou noir sur rouge.* Il s'agit là de l'unique différence avec *Les Rangées mélangées.*

Exemple: Dans la 1re colonne, vous avez, de haut en bas, Deux de coeur, Huit de pique, Dix de trèfle, Dame de pique, Roi de carreau, Sept de pique (*voir* la photo 3). La manoeuvre est indiquée par la lettre A. Déplacez le Deux de coeur accompagné des cartes qui sont sur lui, donc de toute la colonne, et posez les cartes sur le Trois de pique, c'est-à-dire carte rouge sur carte noire. Vous libérez un espace: la 1re colonne.

Placez-y le Roi de trèfle (seul, puisqu'il était au bas de sa colonne).

Déplacez la Dame de pique, avec les cartes qui la couvrent, et mettez-la sur le Roi de coeur, donc noir sur rouge. Placez le Huit de pique sur le Neuf de carreau, noir sur rouge. Vous avez libéré le Deux de coeur; sortez-le et posez-le sur l'As de coeur. Vous sortez aussi le Trois de coeur et le posez sur le Deux de coeur.

En sortant le Trois de coeur, vous libérez le Deux de trèfle (*voir* la photo 1). Sortez le Deux de trèfle et placez-le sur l'As de trèfle.

Retournez alors la carte cachée ainsi libérée. Placez une Dame rouge sur le Roi de trèfle, rouge sur noir. Vous pouvez choisir entre la Dame de coeur et la Dame de carreau. De votre choix dépend la suite du jeu.

Espace libre

Comme précédemment, *seuls les Rois peuvent combler un espace libre et donner naissance à une nouvelle colonne.*

Exemple: Revoyons le tableau de l'exemple précédent. Vous déplacez le Deux de coeur (rouge) pour le mettre sur le Trois de pique (noir). La 1re colonne disparaît. Il reste un espace libre. Vous ne pouvez y mettre qu'un Roi. Ce peut être:

- le Roi de carreau, qui vient d'être déplacé avec la colonne en accompagnant le Deux de coeur sur le Trois noir;
- le Roi de coeur, que vous allez quérir avec la carte qui est sur lui;
- le Roi de trèfle, qui est alors déplacé seul, puisqu'il est en bas d'une colonne;
- le Roi de pique avec sa suite.

Lorsque vous arrivez à une carte cachée, retournez-la; essayez alors de la déplacer pour découvrir une autre carte cachée suivant la même tactique que plus haut. Il importe, ici encore, de découvrir au plus tôt les cartes cachées.

La patience est réussie lorsque toutes les cartes du jeu forment 4 piles à l'As dans la couleur de l'As et dans l'ordre ascendant.

Cette patience demande plus de concentration que la précédente à cause du croisement des couleurs qui trouble la réflexion, mais elle offre davantage de combinaisons.

LA FLÈCHE

Prenez un jeu de 52 cartes et retirez celles dont la valeur est inférieure au Dix. Cette patience se joue donc avec les Dix, les Valets, les Dames, les Rois et les As, c'est-à-dire avec 20 cartes.

Tableau de base

Battez les cartes et disposez-les sans les retourner en 4 rangées de 5 cartes chacune. Retournez la 5e carte de la 1re rangée et la 5e carte de la 4e rangée.

Vous n'avez plus de cartes en main.

PHOTO 1

Ouverture

Choisissez 1 des 2 cartes découvertes pour commencer le jeu.

Le but est d'amener les cartes aux emplacements qui leur sont destinés, sachant que:

- La 1re rangée est destinée aux piques;
- la 2e, aux carreaux;
- la 3e, aux coeurs;
- la 4e, aux trèfles.

Dans chacune de ces rangées, les cartes devront se trouver dans l'ordre suivant, en allant de gauche à droite: Dix, Valet, Dame, Roi, As, pour former la «flèche» dont cette patience tire son nom.

Déroulement

Ayant choisi 1 des 2 cartes, par exemple le Dix de pique, vous la posez, découverte, à l'endroit qui lui revient, c'est-à-dire à la 1re place dans la 1re rangée.

Ce faisant, vous retournez la carte qui se trouvait déjà à cette position — l'As de coeur dans notre exemple —, la déposez à son tour à la place qui lui revient, c'est-à-dire la 5e position de la 3e rangée. Vous retournez alors la carte qui s'y trouvait originalement et continuez le jeu selon ce principe.

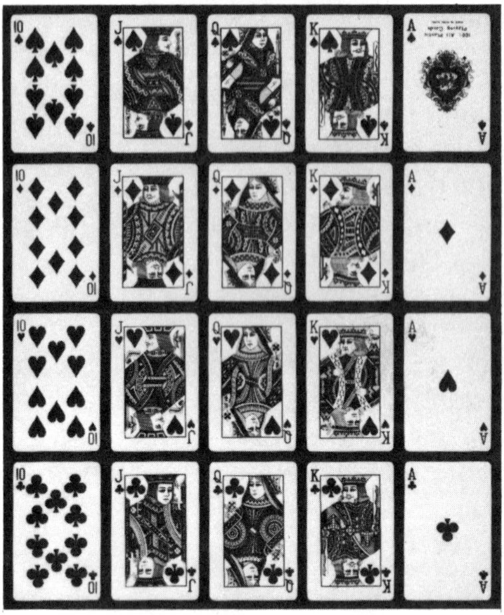

PHOTO 2

La patience est réussie lorsque toutes les cartes sont découvertes et placées à l'endroit qui leur est réservé.

Le jeu peut être bloqué: c'est ce qui arrive lorsque vous retournez l'As de pique — si vous avez commencé le jeu avec la dernière carte de la 1re rangée — ou l'As de trèfle — si vous avez commencé avec l'autre carte. Comme vous devez placer cet As-là où vous avez pris la 1re carte, vous n'avez plus de carte en main.

Vous prenez alors la 2e carte que vous avez découverte et vous poursuivez le jeu.

Il arrive parfois que l'autre As apparaisse et doive être placé là où se trouve la 2e carte découverte du tableau de base. Dans ce cas, la carte sur place est considérée comme toute autre carte cachée et elle devient active. Le seul inconvénient est que le joueur perd ainsi une chance de s'en servir plus tard pour débloquer le jeu.

Si le jeu est bloqué de nouveau, il ne vous reste plus qu'à retourner les cartes restées cachées: elles se trouveront peut-être à la bonne place, si vous avez de la chance...

Dans ce jeu, aucune tactique n'est employée. Le hasard seul décide.

Cette patience connaît aussi des variantes.

LA FLÈCHE À DEUX OU À PLUSIEURS JOUEURS

Placez les cartes de la même façon que précédemment. Chaque joueur procède à son tour à l'ouverture de la patience. Le jeu terminé, on compte les points de la façon suivante:

- Pour une patience réussie: 20 points.
- Pour chaque carte non retournée et ne se trouvant pas à sa place: 1 point négatif.

LE CAVALIER-FLÈCHE

Cette patience se fait en 2 étapes.

Prenez un jeu de 52 cartes, dont vous retirez les Six, Cinq, Quatre, Trois et Deux. Il ne vous reste plus que 32 cartes. Battez-les et constituez le tableau de base.

Première partie

Tableau de base

Ce tableau comporte 4 rangées de 8 cartes cachées chacune. Il ne vous reste plus de cartes en main.

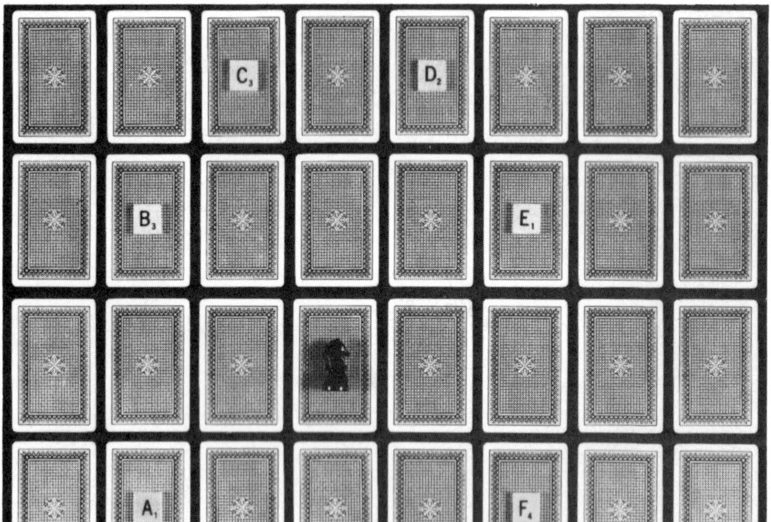

PHOTO 1

Ouverture

Retournez une carte au hasard; elle devient la carte-cavalier. Cette carte se déplace comme le fait le cavalier du jeu d'échecs: 2 cases en avant puis 1 case à gauche ou à droite, ou 1 case en avant et 2 à gauche ou à droite. Sur la photo, la carte initiale est celle où est posé un cavalier du jeu d'échecs. Pour déplacer cette carte, vous avez 6 possibilités qui sont indiquées sur la photo par les lettres A, B, C, D, E, F.

Maintenant que vous savez comment se meut la carte-cavalier, faites-lui faire un 1er saut, puis retournez la carte sur laquelle elle atterrit. La carte-cavalier repart toujours comme le cavalier des échecs, et là où elle se pose, retournez la carte.

Continuez à faire aller et venir la carte-cavalier jusqu'à ce qu'elle ait visité chacune des 32 cases. Elle peut sauter dans toutes les directions et repasser aux mêmes endroits, mais elle ne peut pas faire plus de 40 sauts.

Si, en 40 sauts, la carte-cavalier vous a permis de retourner toutes les 32 cartes, la première partie de la patience est réussie. Sinon, vous devez reprendre depuis le début.

Deuxième partie

Supposons que cette 1re partie soit réussie. Vous avez devant vous un tableau dont toutes les cartes sont découvertes. La carte-cavalier est revenue à sa place de départ.

La 2e partie a pour but de disposer toutes les cartes d'une même couleur et dans l'ordre ascendant des valeurs en allant de gauche à droite, du Sept à l'As.

Lorsque les 4 rangées sont constituées de cette façon, la patience est réussie.

Les couleurs sont affectées aux rangées de la façon suivante:

1 re rangée: coeurs;
2 e rangée: piques;
3 e rangée: carreaux;
4 e rangée: trèfles.

Encore une fois, on déplace les cartes en imitant les sauts du cavalier aux échecs.

Déroulement de la deuxième partie

Mettons que la dernière carte que vous ayez retournée en terminant la 1 re partie soit le Sept de coeur. Il s'agit alors de la conduire à la place qui lui est destinée, c'est-à-dire la 1 re de la 1 re rangée.

Règle: *Vous ne devez pas faire effectuer à la carte plus de 5 sauts pour l'installer à sa place.*

Quand elle y est, prenez la carte qui s'y trouve et conduisez-la à la place qui lui revient. Celle-ci ne doit pas non plus faire plus de 5 sauts pour y parvenir.

Cas particuliers

1. La carte-cavalier atteint une carte se trouvant déjà à sa place: Faites faire au cavalier encore un saut et continuez avec la carte suivante. Vous ne pouvez user de ce privilège qu'une fois.

2. La carte-cavalier atteint la place qu'elle a laissée libre au départ: Elle y reste et le jeu est bloqué. Il ne vous reste qu'une chance: Choisissez une des cartes voisines de la place libre et continuez à sauter. On appelle «cartes voisines» celles qui se trouvent à droite, à gauche, en haut, en bas, en haut à gauche, en haut à droite, en bas à gauche et en bas à droite de l'espace libre.

La patience est réussie lorsque toutes les cartes ont trouvé leur place.

Cette patience demande beaucoup de concentration, surtout dans la seconde partie. Ni simple, ni facile, elle met en valeur les qualités du joueur.

On l'apprécie parce qu'elle commence simplement, pour se terminer avec une seconde partie difficile.

LE SAUT DE CHEVAL

Prenez un jeu des Sept, des Huit, des Neuf, des Dix, des Valets, des Dames, des Rois et des As.

Tableau de base

Formez 4 rangées de 8 cartes en ordre croissant du Sept à l'As. Dans la 1re rangée, placez les piques, dans la 2e rangée, les carreaux, dans la 3e rangée, les coeurs, et dans la 4e rangée, les trèfles. Maintenant, retournez toutes les cartes face vers la table.

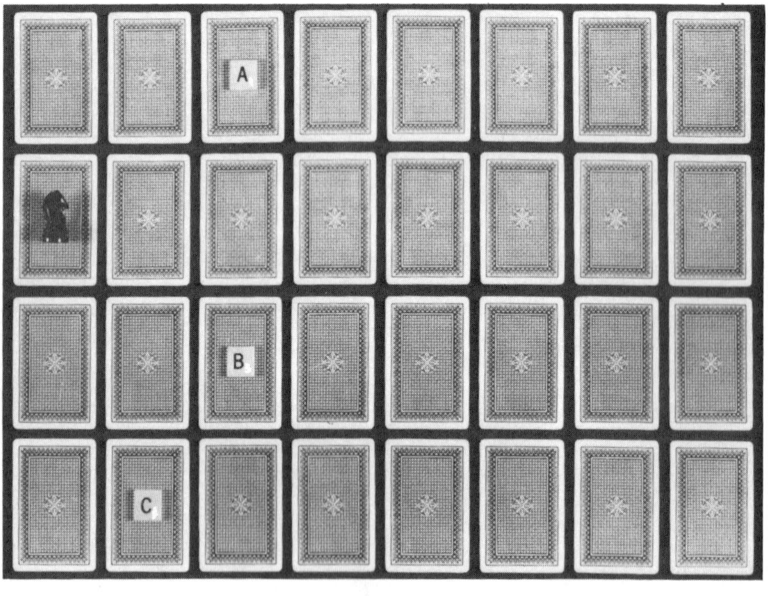

PHOTO 1

Vous avez 32 cases de cartes cachées dont vous connaissez la valeur, puisque vous les avez disposées en ordre.

Ouverture du jeu

Choisissez une carte. Déplacez-la en imitant le saut du cavalier aux échecs (2 cases en avant puis 1 case à gauche ou à droite ou 1 case en avant et 2 à gauche ou à droite; *voir Le Cavalier-Flèche* à la page 38) et ce, en haut, en bas, à gauche ou à droite. Pour faciliter le mouvement, nous recommandons au débutant d'utiliser une figurine représentant le cavalier d'un jeu d'échecs.

Sans retourner la 1re carte, découvrez toutes celles où le cavalier s'arrête. Vous pouvez revenir sur la carte du départ qui, dans ce cas, sera retournée.

Par conséquent, en imitant les déplacements du cavalier, vous devez découvrir toutes les cartes du tableau. Attention, ne repassez pas au même endroit!

La patience est réussie lorsque toutes les cartes sont découvertes.

Lorsque le cavalier ne peut plus bouger (il n'y a plus d'endroits libres), le jeu s'arrête.

Cette patience est très difficile à réussir car il n'y a que 4 solutions possibles. Vous devez vous engager totalement dans le jeu et montrer une grande imagination pour faire des combinaisons et des prévisions.

Facilité

La difficulté de cette patience a incité certains joueurs à rechercher des moyens plus simples. Aussi se sont-ils octroyé le droit de revenir au même endroit, mais 2 fois seulement (d'autres prennent cette liberté 3 fois). Pour reconnaître l'endroit que vous visitez une 2e fois, placez de travers la carte qui s'y trouve.

Solution

Le dessin 1 représente l'une des 4 solutions possibles de cette patience. Il représente le tableau de base. Les nombres inscrits sur les cartes vous indiquent l'ordre dans lequel les sauts doivent être effectués. La carte de départ est marquée d'une croix. Le cavalier commence donc à la case 2 pour atterrir, à son 1er saut, sur la case 1. Il repasse ensuite sur la carte de départ, pour la retourner, à l'occasion de son 2e saut (2). Il va ensuite, à son 3e saut, sur la carte marquée 3, et ainsi de suite, jusqu'à ce qu'il ait retourné les 32 cartes.

32	7	24	3	30	9	22	13
17	2+	31	8	23	12	29	10
6	25	16	19	4	27	14	21
1	18	5	26	15	20	11	28

LE SAUT DE CHEVAL À PLUSIEURS

Jouer à 2 ou à plusieurs à cette patience est très amusant. Voici comment on compte les points:

- Chaque carte non découverte apporte 2 points négatifs.
- La patience réussie n'apporte pas de points.

Le vainqueur est celui qui a obtenu le moins de points.

LES ÉVENTAILS

Prenez et battez bien un jeu de 52 cartes sans Jokers.

Tableau de base

Toutes les cartes sont découvertes. Vous les tirez du paquet comme elles se présentent et les disposez en 17 éventails de 3 cartes ($17 \times 3 = 51$). Les éventails sont tous disposés de la même façon: la carte de gauche dessus, celle du milieu en partie couverte par celle de gauche et celle de droite en partie couverte par celle du milieu (*voir* la photo 1).

Il vous reste une carte en main que vous placez à part. C'est la Solitaire.

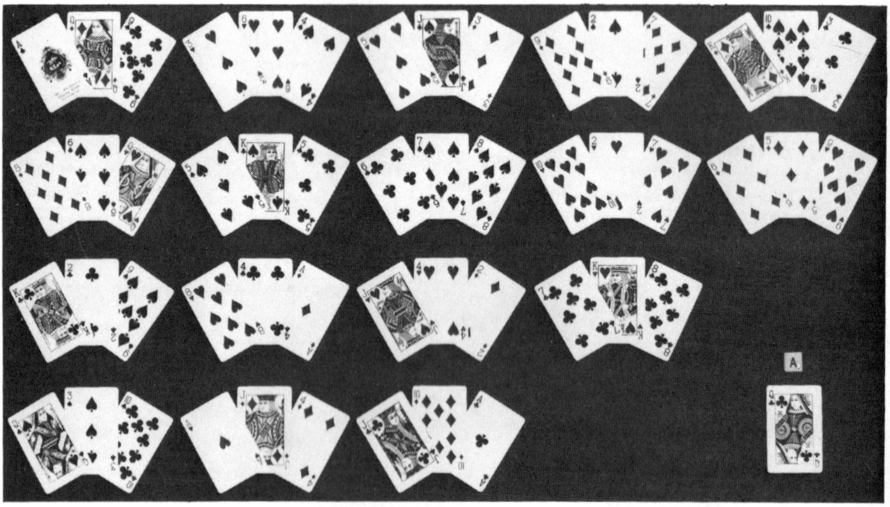

PHOTO 1

Ouverture

Ne vous servez des cartes du milieu et de droite que lorsqu'elles sont dégagées.

Sortez d'abord les As libres et alignez-les au-dessus du tableau, de façon qu'ils soient prêts à recevoir successivement, chacun selon sa couleur, le Deux, le Trois, le Quatre, le Cinq, le Six, le Sept, le Huit, le Neuf, le Dix, le Valet, la Dame et le Roi.

Après avoir sorti les As, il vous reste des éventails de moins de 3 cartes tandis que d'autres sont encore complets. Le jeu consiste à déplacer les cartes libres, c'est-à-dire celles qui sont entièrement découvertes, pour les poser sur les éventails incomplets. *Une carte ne peut recevoir qu'une autre carte de même valeur, la couleur étant indifférente.*

Si tous les éventails sont complets, vous pouvez poser une carte sur la Solitaire, puis une autre et une 3ᵉ, si elles sont de même valeur que cette dernière.

Par exemple, si la Solitaire est une Dame de trèfle, le jeu peut commencer:

1. Si au moins un As est sorti.
2. S'il y a une Dame libre, c'est-à-dire que rien ne la recouvre.

Si vous ne pouvez sortir aucun As et que ni l'une ni l'autre des conditions précédentes ne soient remplies, ramassez toutes les cartes, battez-les de nouveau et refaites le tableau de base.

Déroulement

Au cours de ces manoeuvres, sortez, dès qu'elles sont libres, les cartes dont le tour est venu de se placer sur la pile à l'As.

Les éventails varient donc, en se défaisant et se reformant, selon la règle d'une valeur accolée à une valeur égale. Le nombre de cartes dans le tableau de base diminue au fur et à mesure que sortent les cartes libérées, selon l'ordre croissant des valeurs.

Autres règles

Un éventail ne doit jamais avoir plus de 3 cartes.

Un éventail peut être supprimé, si toutes les cartes ont été utilisées.

Suite du jeu

Quand le jeu est bloqué, conservez les cartes sorties et rangées sur leurs As respectifs et ramassez ce qui reste du tableau; battez avec soin.

Refaites le tableau de base. Le déroulement reprend selon les mêmes règles. *Vous avez droit à un 3ᵉ tableau, mais pas davantage.*

La patience est réussie lorsque toutes les cartes forment 4 piles à l'As dans l'ordre ascendant.

Exemple: Regardez la photo 2. Ici, l'As de pique et l'As de coeur sont sortis. Deux cartes sont libérées: la Dame de carreau, qui se trouvait sous l'As de pique, et le Valet de carreau, qui se trouvait sous l'As de coeur. La Dame de carreau peut être déplacée; posez-la sur la Solitaire qui est la Dame de trèfle. Posez également sur la Solitaire la Dame de pique, qui est libre. Ces 2 Dames forment maintenant avec la Solitaire un éventail complet. On ne peut plus y ajouter de cartes. Par contre, vous avez 3 nouvelles cartes libres: une sur l'éventail où vous avez pris l'As de pique, une sur celui où vous avez pris l'As de coeur et une sur celui auquel vous avez pris la Dame de pique. En enlevant du premier éventail l'As de pique puis la Dame de carreau, vous libérez le Neuf de trèfle. Recouvrez-le avec le Neuf de carreau. Vous venez de libérer le Deux de pi-

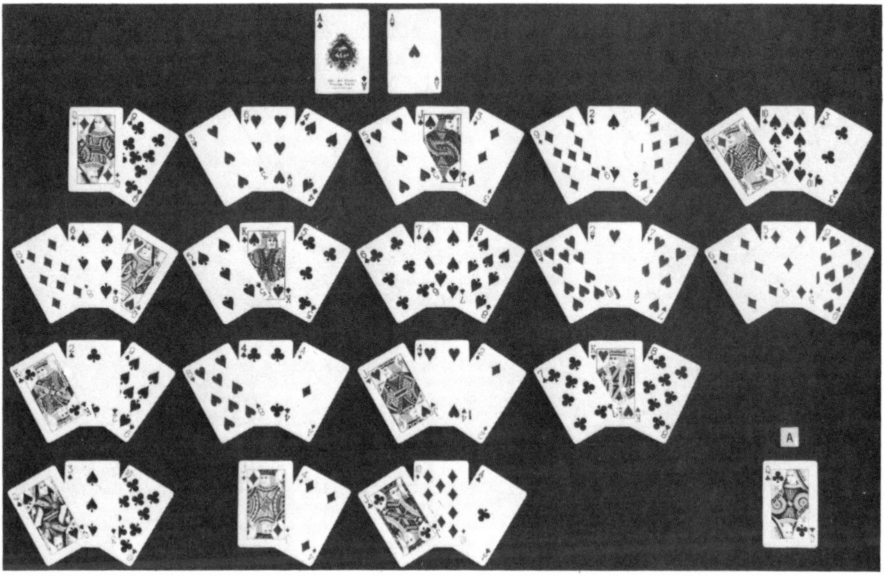

PHOTO 2

que, que vous sortez pour le placer sur l'As de pique. La Dame de pique, que vous avez déposée sur la Solitaire, a libéré le Trois de pique; vous sortez celui-ci, puisque le Deux de pique est sorti. Et ainsi de suite.

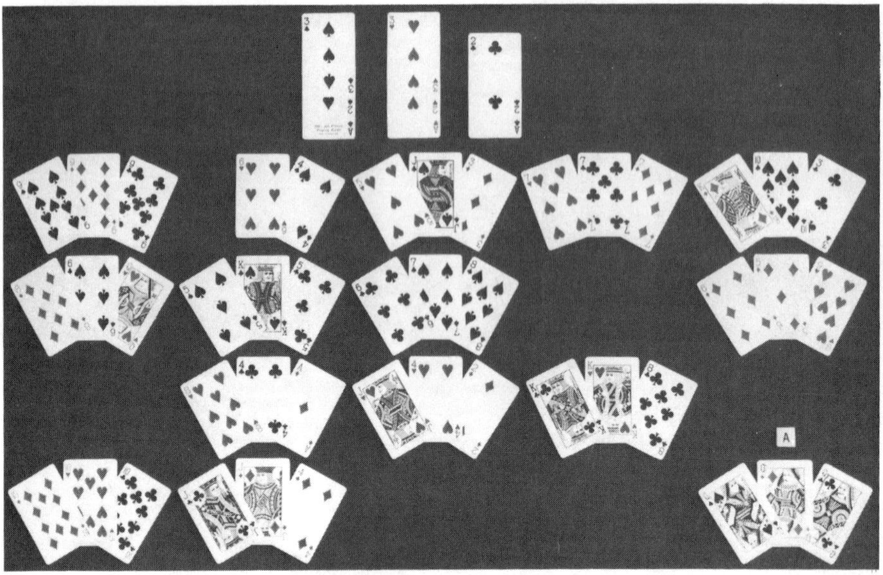

PHOTO 3

En observant la photo 3, vous constaterez que la Solitaire forme un éventail de 3 Dames. Le 1er éventail du tableau est formé de 3 Neuf, un autre de 3 Dix. D'autres éventails ont disparu.

Le 2e éventail de la 1re rangée n'a plus que 2 cartes, à la suite du départ du Trois de coeur qui est sorti. Le Six de coeur est libre. Par ailleurs, le Six de carreau, sur un autre éventail, est libre aussi; faites-le passer sur le Six de coeur. Continuez de la même manière.

Remarques

Il peut arriver, dans la formation du 2e ou du 3e tableau, qu'il ne reste que la Solitaire, ou un éventail composé de 2 ou de 3 cartes (la pire situation). Dans les 3 cas, essayez de continuer le jeu de la même façon que dans le 1er tableau. Vous avez le droit de reporter la Solitaire, ainsi que toute carte libre des éventails qui restent, sur les piles à l'As. Mais vous n'avez pas le droit de changer l'ordre des cartes dans les éventails.

Exemple: Si la 1re carte d'un éventail est le Huit de pique et la 2e, le Huit de coeur, déplacez d'abord le Huit de pique, puis le Huit de coeur qui vient d'être libéré.

Cette patience est particulièrement difficile à réussir. Elle fait appel à vos capacités. Les éventails exigent de la réflexion, car vous devez prévoir les manoeuvres et les combinaisons avec leurs conséquences. Pour avoir un maximum de chances de réussir, vous devez être en mesure de prévoir un grand nombre de manoeuvres. Pour cela, vous devez être calme et concentré. Agissez sans hâte. Évitez les manoeuvres automatiques; elles conduisent à l'échec. La réussite n'est possible qu'avec une attention constante et une grande patience.

LES ÉVENTAILS À DEUX OU À PLUSIEURS

La difficulté de cette patience rend celle-ci particulièrement intéressante sur une base collective. Il y a, outre l'animateur, plusieurs personnes qui y participent.

Pour provoquer l'émulation et ajouter au plaisir, les amateurs des *Éventails* jouent souvent à 2. Cette variante change tout à fait l'esprit du jeu à cause de son caractère compétitif.

Les règles de la formation du tableau de base, du déplacement des cartes, de la sortie des As puis des cartes de la même couleur en ordre de valeur croissante restent celles du jeu de base.

Les 2 joueurs procèdent tour à tour à l'ouverture de la patience. À la fin du jeu, chacun compte ses points.

- Chaque carte non sortie apporte 1 point négatif.
- Les éventails complets (composés de 3 cartes de même valeur) n'apportent pas de points négatifs.
- Si l'éventail ne contient que 2 cartes de même valeur, chacune d'elles apporte 1 point négatif.
- La patience réussie apporte 50 points positifs.

Le fait que le *trilling* (nous appelons ainsi un éventail composé de 3 cartes de même valeur) n'apporte pas de point négatif change le sens du jeu, car les joueurs s'efforcent de créer (dans la dernière distribution) le plus de *trillings* possible, cela, bien entendu, dans le cas où ils se rendent compte qu'il n'est plus possible de réussir la patience.

L'ÉLIMINATION

soin un jeu de 52 cartes sans Jokers.

base

En fait, ce n'est pas vraiment un tableau. Vous sortez du jeu 4 cartes, comme elles viennent sous vos doigts, et vous les retournez en les posant sur la table en une seule rangée, face visible.

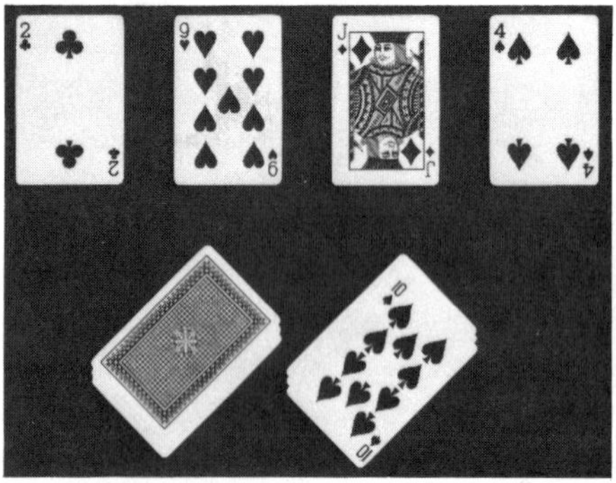

PHOTO 1

Déroulement

Règle principale: *Dans une même couleur, la carte dont la valeur est la plus forte élimine toute carte qui lui est inférieure.*

Notez que l'As peut être considéré à la fois comme la carte la plus forte et la plus faible de sa couleur; à vous de choisir. L'élimination ne se fait qu'entre cartes de même couleur; autrement dit, les piques éliminent les piques, les coeurs éliminent les coeurs, etc.

Exemple: Parmi les 4 cartes de la rangée, vous avez le Trois de trèfle, l'As de trèfle, la Dame de pique et le Valet de pique. L'as peut être, répétons-le, à la fois la carte la plus forte et la moins forte de sa couleur. Déterminez alors si c'est l'As ou le Trois de trèfle qui va quitter le tableau. D'autre part, la Dame de pique chasse le Valet de Pique.

Les cartes chassées quittent le tableau. Elles y laissent des places libres. Comblez ces espaces par de nouvelles cartes prises dans le talon. Regardez s'il y a d'autres cartes qui peuvent quitter le tableau.

S'il arrive qu'aucune carte ne puisse être éliminée de la rangée (*voir* la photo), formez une nouvelle rangée de façon à recouvrir partiellement les cartes de la 1re rangée. Procédez alors à une nouvelle élimination, mais seulement après avoir formé la rangée complète de 4 cartes. Seules les cartes qui ne sont pas recouvertes par une autre carte de la colonne peuvent être chassées. Elles doivent donc, pour pouvoir être éliminées, se trouver au bas d'une colonne.

Il arrive qu'une manoeuvre provoque des éliminations en chaîne, car la carte nouvellement libérée peut vous offrir de nouvelles possibilités.

La patience est réussie lorsque toutes les cartes du jeu ont quitté le tableau de base.

Les espaces libres

Vous savez déjà que le tableau doit comporter 4 colonnes. Il arrive que toutes les cartes d'une de ces colonnes aient été éliminées. Vous devez alors *combler cet espace libre avec n'importe quelle carte du tableau de base.* Cette manoeuvre doit être bien réfléchie, de manière à ce que la carte déplacée suscite d'autres manoeuvres en permettant de nouvelles éliminations. S'il y a plusieurs espaces libres, vous avez la liberté d'y placer toutes les cartes d'une même colonne en les gardant dans le même ordre. Cette manoeuvre comporte cependant un certain risque, car vous ignorez la valeur de la carte suivante du talon.

L'élimination est difficile à réussir, malgré son apparente simplicité.

Le joueur est toujours dans l'incertitude. Il est obligé de faire des prévisions et de se concentrer...

Cette patience est cependant très amusante et ne demande pas beaucoup de place.

PREMIÈRE VARIANTE

En pratiquant la forme de base de la patience *L'Élimination*, vous avez sans doute éprouvé son charme mais aussi ses difficultés. Voici une variante qui vous permettra de la réussir plus souvent.

Ses règles sont identiques à celles de la forme de base.

Cette variante se joue cependant avec un jeu de 32 cartes, composé des Sept, des Huit, des Neuf, des Dix, des Valets, des Dames, des Rois et des As.

Le Sept joue le rôle de l'As, c'est-à-dire qu'il peut être considéré à la fois comme la carte la plus forte et la moins forte du jeu. À vous de choisir selon l'occasion qui se présente.

SECONDE VARIANTE

Cette variante requiert un jeu de 52 cartes. Les règles sont identiques à celles de la forme de base, mais le procédé d'ouverture est un peu différent.

On appelle aussi cette variante: *Les Quatre As.*

Première différence: Après avoir déposé les 2 premières cartes dans le tableau de base, vous avez le droit de procéder à l'élimination selon la règle q vous connaissez: *La carte la plus forte élimine tout carte de sa couleur qui lui est inférieure. Comblez l'espace libre soit avec une autre carte du tableau de base, soit avec une carte du talon.*

Seconde différence: *L'As ne peut être éliminé par aucune carte* (dans la forme de base et dans la 1re variante, l'As pouvait être éliminé par toute autre carte).

La patience est réussie lorsque toutes les cartes sont distribuées et éliminées du tableau de base, sauf les 4 As.

Cette variante de *L'élimination* est très facile à réussir.

RLOGE DE NAPOLÉON

soigneusement un jeu de 52 cartes sans

Tableau de base

Pour former le tableau de base, utilisez toutes les cartes. Reportez-vous à la photo.

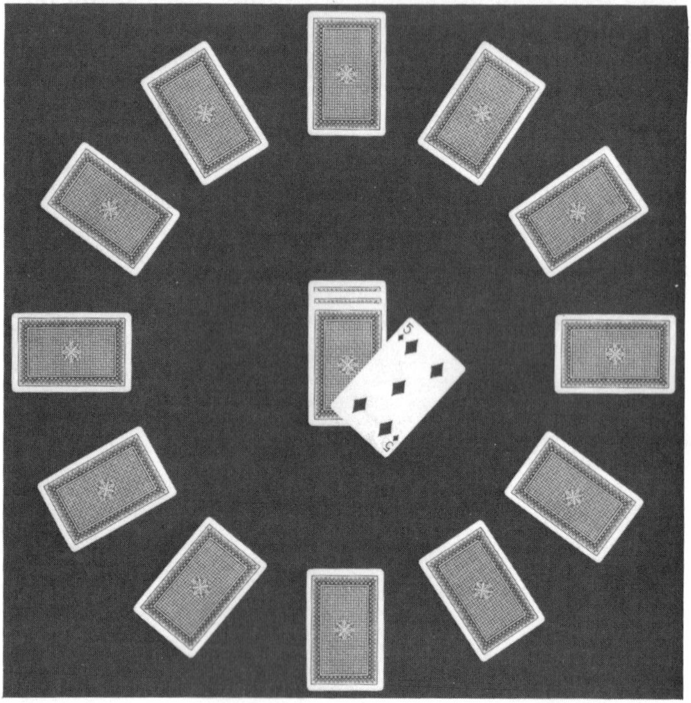

PHOTO 1

Disposez les cartes, face cachée, comme les heures sur le cadran d'une horloge: la 1re carte se trouve à midi, la 2e à 1 heure, la 3e à 2 heures, etc.

Posez la 13e carte au centre du cadran.

Cela s'appelle la 1re main, composée de 13 cartes.

Il y aura 4 mains.

Pour la 2e main, procédez comme pour la 1re. Recouvrez les cartes déjà placées avec les nouvelles cartes et la 13e est *sous* la 13e de la 1re main, au centre du cadran.

Faites de même pour les 3e et 4e mains en prenant toujours soin de déposer la 13e carte *sous* la pile du milieu. Placez les cartes de cette pile de façon qu'elles se chevauchent.

Le tableau de base est terminé. Il présente 12 piles de 4 cartes disposées en cercle et, au centre, une 13e pile de 4 cartes également. Vous n'avez plus de cartes en main.

Passez à l'ouverture.

Ouverture

Commencez l'ouverture en retournant la 1re carte de la pile du centre, celle qui est sur le dessus (*voir* la photo).

La règle de cette patience associe une valeur à chaque position. Voici ces valeurs, qui ne tiennent pas compte de la couleur.

La position 12 h est destinée aux As.
La position 1 h est destinée aux Deux.
La position 2 h aux Trois.
La position 3 h aux Quatre.
La position 4 h aux Cinq.
La position 5 h aux Six.
La position 6 h aux Sept.
La position 7 h aux Huit.
La position 8 h aux Neuf.
La position 9 h aux Dix.

La position 10 h aux Valets.

La position 11 h aux Dames.

Les Rois sont placés au centre.

Commencez par retourner la première carte du centre et glissez-la, face visible, sous la pile qui correspond à sa valeur. Retournez ensuite la carte qui se trouve au-dessus de cette pile (ne tenez pas compte de sa couleur). Si cette carte est un Roi, placez-le au centre, face visible. Remarquez que le Roi est une mauvaise carte, car, quand les 4 Rois sont sortis, le jeu est bloqué. Si, en prenant une carte du centre, vous tenez un Roi, laissez-le au centre et prenez une autre carte, toujours au centre.

La patience est réussie lorsque toutes les cartes se trouvent à la position du cadran qui correspond à leur valeur, et que les 4 Rois sont au centre.

Vous avez alors une horloge dont les piles de 4 cartes forment les heures: 4 As, 4 Deux, etc., jusqu'aux 4 Dames, et les 4 Rois sont étalés au centre.

L'Horloge de Napoléon est l'une des nombreuses variantes de la série des patiences de Napoléon. C'est un jeu facile et amusant. L'ouverture peut poser un problème car elle dépend de la disposition des cartes dans le paquet et des Rois qui, s'ils arrivent rapidement au centre, bloquent le jeu.

On aime généralement cette patience parce qu'elle ne demande pas beaucoup d'efforts et promet un moment de détente. Avec un minimum d'attention et un peu de chance, on passe des instants agréables.

Elle convient aux débutants parce qu'elle ne demande ni une trop grande concentration, ni des calculs trop poussés.

UPÉRIEURE-INFÉRIEURE

un jeu de 52 cartes, sans Jokers, que vous

Tableau de base

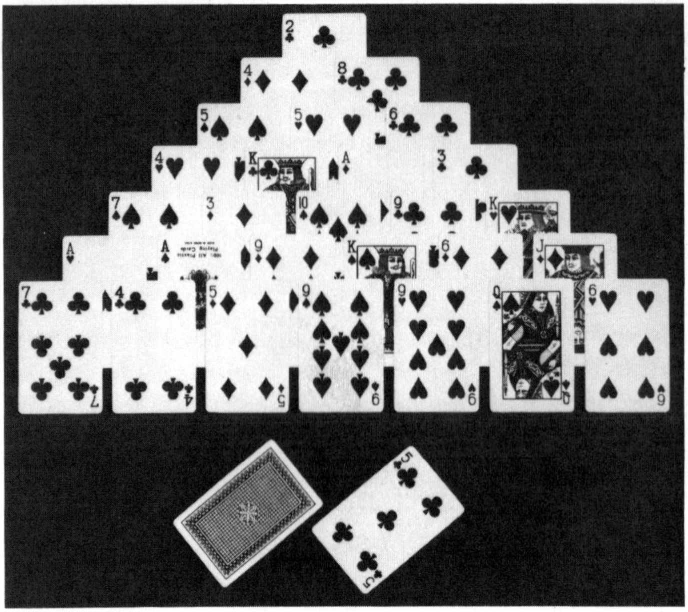

PHOTO 1

Avant de commencer, observez soigneusement la photo, qui vous présente le tableau de base. Celui-ci est composé de la façon suivante:

Posez une carte, et une 2e de manière à ce que l'angle supérieur de cette carte recouvre l'angle inférieur gauche de la 1re. Puis, à sa droite, une autre carte dont l'angle supérieur gauche recouvre l'angle inférieur droit de la 1re carte. Vous venez de former la 2e rangée. Faites maintenant de la même façon une 3e rangée avec 3 cartes dont la carte centrale est posée à cheval sur les 2 cartes de la 2e rangée. Puis, selon le même principe, formez une 4e rangée avec 4 cartes, dont les 2 cartes centrales seront posées à cheval sur les 3 cartes de la rangée précédente, et ainsi de suite jusqu'à la 7e rangée qui compte 7 cartes.

Toutes les cartes du tableau de base sont découvertes.

Le tableau de base est formé de 28 cartes. Il reste dans le talon 24 cartes avec lesquelles vous commencez l'ouverture.

Ouverture

Vous avez pour but de sortir toutes les cartes du tableau de base.

Tenez le talon, face cachée. Tirez la 1re carte du talon et posez-la, face visible, devant vous, hors du tableau. Observez maintenant les cartes du tableau. Les seules cartes jouables, pour le moment, sont les 7 cartes qui forment la 7e rangée.

Toute carte immédiatement supérieure ou inférieure à la carte tirée du talon, sans tenir compte de la couleur, peut quitter le tableau. Elle rejoint la carte tirée du talon.

Exemple (*voir* la photo): Vous venez de tirer un Cinq du talon (peu importe la couleur). Parmi les cartes jouables du tableau (celles qui ne sont pas recouvertes par d'autres cartes), vous avez un Quatre et un Six. À vous de choisir la carte qui va quitter le tableau. Supposons que vous décidez que ce sera le Six; sortez-le du tableau et posez-le sur le Cinq. Vous avez maintenant 2 nouvelles possibilités: choisissez entre le Cinq et le Sept qui se trouvent dans le tableau. Continuez de la même façon, mais, avant de déplacer les cartes, réfléchissez bien afin de déterminer quelle est la solution la plus avantageuse.

En appliquant la règle «supérieure-inférieure», vous pouvez effectuer des manoeuvres en chaîne.

Exemple: Sur un Cinq vient un Six, sur un Six vient un Sept, sur un Sept vient un Huit, sur un Huit vient un Sept, sur un Sept un autre Huit, et ainsi de suite, à votre guise.

Lorsque le jeu est bloqué, tirez une nouvelle carte du talon jusqu'à ce que vous puissiez jouer de nouveau.

Important: L'As est plus fort que le Roi; le Deux est plus fort que l'As.

Seules les cartes libres peuvent sortir du tableau, c'est-à-dire celles qui ne sont recouvertes par aucune autre carte.

Lorsque vous avez sorti du tableau toutes les cartes possibles et que vous les avez posées sur la pile devant vous, tirez une nouvelle carte du talon et recommencez le même procédé.

La patience est réussie lorsqu'il n'y a plus de carte dans le tableau de base.

Deux piles de cartes resteront sur la table: la pile des cartes qui ont quitté le tableau et le talon.

La possibilité que vous avez de choisir entre la carte supérieure et la carte inférieure donne à cette patience un charme particulier. Cependant, elle exige de vous une grande attention, ainsi que la faculté de prévoir et de combiner. Il faut bien réfléchir avant de découvrir complètement une carte en tenant compte des possibilités qu'elle offre.

La patience *Supérieure-Inférieure* suscite des rires chez les joueurs. Chaque ouverture semble être nouvelle, extraordinaire et unique.

LA COURTE

enez et battez un jeu de 52 cartes sans Jokers.

Tableau de base

Formez une rangée de 4 cartes.

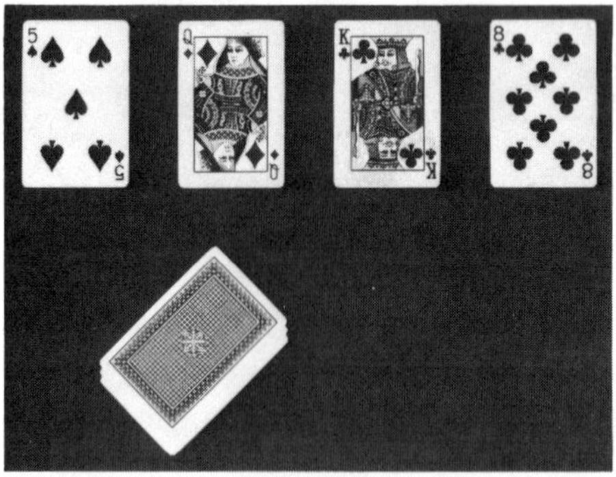

PHOTO 1

Ouverture

Déplacez les cartes selon la règle: *carte inférieure sur carte supérieure de couleur opposée* (rouge sur noir, noir sur rouge).

Sortez les As du tableau de base et construisez sur eux des piles à l'As dans l'ordre ascendant (As, Deux, Trois, etc., jusqu'au Roi).

Après avoir déplacé les cartes en respectant cette règle, vous verrez apparaître un ou plusieurs espaces libres au tableau. *Comblez ces espaces libres avec les Rois* et, en partant de ces Rois, constituez des séries descendantes: Roi, Dame, Valet, Dix, etc.

Lorsque vous n'avez plus la possibilité de déplacer les cartes et de faire des combinaisons, prenez le talon, qui contient 48 cartes au début du jeu, en le tenant face tournée vers la table, puis tirez-en un paquet de 3 cartes. Posez ce paquet en le retournant devant vous sur la table. Vous obtenez la pile des cartes comptées. Regardez bien si la carte qui se trouve sur le paquet peut entrer dans le jeu, c'est-à-dire si elle peut être placée sur une carte du tableau de valeur supérieure et de couleur opposée. Sinon, reprenez le talon et tirez-en un autre paquet de 3 cartes, retournez-le et posez-le sur la pile des cartes comptées. Essayez de placer la carte visible de ce paquet. Si elle peut être placée dans le tableau ou sur une pile à l'As, elle quitte alors la pile des cartes comptées en découvrant la carte qui se trouvait en dessous. Cette dernière peut maintenant être placée à son tour dans le tableau ou sur une pile à l'As, donnant encore une fois la chance à la carte qui se trouve en dessous d'être libérée, et ainsi de suite.

Lorsqu'il n'est plus possible de déplacer les cartes dans le tableau de base, sur les piles à l'As ou dans les séries des cartes qui forment les colonnes, la patience est bloquée. En revanche, *la patience est réussie lorsque toutes les cartes du jeu forment 4 piles à l'As dans l'ordre ascendant.*

Si, au moment de la dernière distribution, vous n'avez que 2 cartes dans les mains, retournez-les simultanément. S'il ne vous en reste qu'une, vous pouvez la jouer selon les règles.

Emprunt

Il existe quelques astuces dont on apprend à se servir avec l'expérience. C'est le cas de l'emprunt.

Exemple: La dernière carte d'une pile à l'As noir (de pique ou de trèfle) est un Six; la dernière carte d'une série du tableau de base est un Sept rouge; vous venez de tirer du talon un paquet de 3 cartes dont la carte découverte est un Cinq rouge. Pour permettre à ce Cinq rouge d'entrer dans le jeu, empruntez le Six noir à la pile à l'As, posez-le sur le Sept rouge (dans la série du tableau), puis placez sur le Six noir le Cinq rouge que vous venez de sortir du talon.

Voici un autre **exemple**: Il y a dans le tableau de base, un espace libre. En même temps, vous avez une pile à l'As noir complète. La carte découverte du paquet de 3 cartes sorties du talon est une Dame rouge. Empruntez le Roi noir à la pile à l'As et posez-le dans l'espace libre du tableau. Posez sur le Roi noir la Dame rouge que vous avez sortie du talon.

Quand un emprunt provoque un déplacement des cartes en chaîne, il devient alors tout à fait justifié. Cependant, avant de recourir à l'emprunt, il faut bien réfléchir et s'assurer qu'il favorisera le développement du jeu.

Cette patience offre un avantage: Elle est simple et ne demande pas beaucoup de place. Avec un peu de concentration et de réflexion, on peut obtenir des résultats satisfaisants.

PREMIÈRE VARIANTE: LA RAPIDE

La Rapide est une variante de *La Courte.* Elle se joue avec un jeu de 32 cartes composé des Sept, des Huit, des Neuf, des Dix, des Valets, des Dames, des Rois et des As.

Les règles de *La Rapide* sont identiques à celles de *La Courte.* Notez seulement ceci: on sort les As du tableau de base, et leurs piles sont composées dans l'ordre suivant: As, Sept, Huit, Neuf, Dix, Valet, Dame et Roi.

SECONDE VARIANTE: LA RAPIDE À DEUX OU À PLUSIEURS JOUEURS

Il est très amusant de jouer à *La Rapide* à 2 ou à plusieurs. On compte les points de la façon suivante:

- Chaque patience réussie apporte 10 points positifs.
- Lorsque le joueur a utilisé toutes les cartes du talon sans réussir la patience, il reçoit 2 points négatifs.
- Chaque carte inutilisée (du talon) apporte 1 point négatif.

Après un ou plusieurs jeux, les adversaires additionnent leurs points.

Il existe d'autres façons de compter les points. Nous avons opté pour celle-ci, car elle est la plus commune.

LES 7 DÉCOUVERTES

Prenez un jeu de 52 cartes sans Jokers et battez-les soigneusement.

Tableau de base

Du paquet, tirez les cartes l'une après l'autre dans l'ordre où elles se présentent et formez une rangée de 7 cartes découvertes. Le tableau de base étant constitué, il vous reste 45 cartes en main.

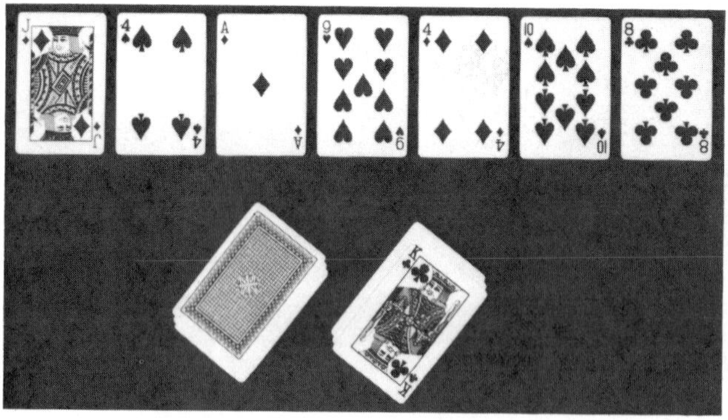

PHOTO 1

Ouverture

Observez les cartes du tableau. S'il y a des As, sortez-les et posez-les au-dessus du tableau l'un à côté de l'autre. Sur les As, vous construirez tout au long du jeu des piles dans l'ordre ascendant.

Déplacez les cartes dans le tableau selon la règle suivante: *carte inférieure sur carte supérieure de couleur opposée* (rouge sur noir, noir sur rouge).

Exemple: Dans le tableau de base, vous avez un Neuf rouge et un Dix noir, puis un Huit noir et un Valet rouge (*voir* la photo). Placez le Huit noir sur le Neuf rouge et le Dix noir sur le Valet rouge.

Selon la même règle, déplacez les séries de cartes.

Exemple: Dans une colonne, vous avez une série de cartes composée de: Valet rouge, Dix noir, Neuf rouge. Dans une autre colonne, la série suivante: Huit noir, Sept rouge, Six noir. Prenez toute la série à partir du Huit noir et placez-la sur la série qui commence avec le Valet rouge et se termine par le Neuf rouge.

Il arrive qu'en déplaçant les cartes vous vidiez toute une colonne et créiez ainsi un espace libre. Vous pouvez combler cet espace libre *seulement* avec un Roi. Ces espaces libres sont très importants, car ils vous permettent de déplacer les Rois qui, étant les cartes les plus fortes du jeu, bloquent les autres cartes.

Déroulement

Lorsque vous avez formé le tableau de base et effectué tous les déplacements possibles, prenez le talon. Tenez-le face cachée et tirez-en un paquet de 3 cartes. Retournez ce paquet sur la table. Ces cartes forment la pile des cartes comptées. Essayez de placer la carte découverte de cette pile, selon les règles du jeu: carte supérieure sur carte inférieure de couleur opposée (noir sur rouge, rouge sur noir), les Rois dans les espaces libres, les As hors du tableau. Lorsque la carte est placée, elle libère du même coup la carte qui se trouvait en dessous d'elle. Cette dernière carte peut maintenant être placée à son tour, puis celle qui se trouve en dessous, et ainsi de suite. Alors, reprenez le talon et tirez-en un autre paquet de 3 cartes, retournez-le et posez-le sur la pile des cartes comptées. Jouez la carte découverte si c'est possible.

Si, au moment de la dernière distribution, il ne vous reste dans les mains que 2 cartes, retournez-les ensemble. S'il ne vous en reste qu'une, déposez-la où il sied.

Vous avez le droit de répéter la distribution des cartes autant de fois que vous le désirez, jusqu'à ce qu'aucune carte du talon ne puisse entrer dans le jeu.

La patience est réussie lorsque toutes les cartes du jeu forment 4 piles à l'As dans la couleur de l'As et dans l'ordre ascendant.

Stratégie

Cette patience offre des possibilités de combinaisons très variées.

Exemples:

1. La pile à l'As de pique est composée de: As, Deux, Trois, Quatre, Cinq. Dans une colonne, il y a le Six de trèfle; dans une autre colonne, il y a une série de cartes, dont le Six de pique. Placez le Cinq rouge (qui cachait le Six de pique) sur le Six de trèfle; le Six de pique ainsi libéré ira sur la pile à l'As de pique. Cette manoeuvre suscite des déplacements en chaîne dont il faut profiter au maximum.

2. En tirant les cartes du talon, vous venez de découvrir un Cinq rouge qui n'est pas utilisable. Il y a cependant une possibilité d'animer cette carte, car, dans une colonne du tableau, vous avez un Sept rouge, tandis que la pile à l'As noir (de trèfle ou de pique) se termine par un Six noir. Faites revenir ce Six noir dans le tableau en le plaçant sur le Sept rouge; cela vous permettra de poser ensuite le Cinq rouge.

Cette patience exige beaucoup d'attention et, parfois, une grande concentration. Elle ne demande par contre pas beaucoup de place et ne dure pas longtemps. Nous la conseillons aux débutants qui souhaitent apprendre rapidement un jeu susceptible de les initier au monde des patiences plus compliquées.

LA PATIENCE «L»

Cette patience se joue avec un jeu de 52 cartes sans Jokers.

Tableau de base

Après avoir bien battu les cartes, disposez-les de la façon suivante:

- 1 carte découverte, puis au-dessous d'elle:
- 4 cartes découvertes disposées en une rangée.

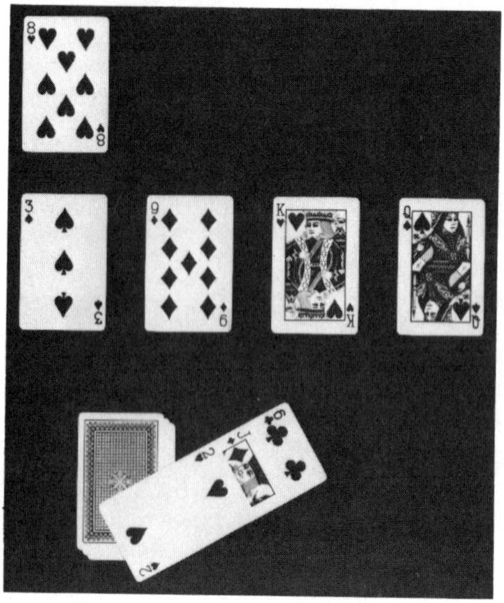

PHOTO 1

Le tableau de base est constitué. Il a la forme de la lettre L couchée et inversée.

Il vous reste 47 cartes en main.

Carte de base

La 1re carte du tableau est très importante pour le

déroulement du jeu; c'est la carte de base sur laquelle vous construirez une pile de même couleur. L'ordre des cartes dans cette pile est toujours différent, car il dépend de la valeur de la carte de base.

Exemple: Si la carte de base est un Dix, les cartes de cette pile seront rangées dans la couleur du Dix et dans l'ordre ascendant en partant du Dix (Dix, Valet, Dame, Roi, As, Deux, Trois, etc., jusqu'au Neuf). Si la carte de base est un Deux, les cartes de sa pile seront rangées dans la couleur du Deux et dans l'ordre ascendant à partir de celui-ci.

Toute carte peut servir de carte de base.

Ouverture

Si une carte de même valeur que la carte de base se trouve dans la rangée de 4 cartes, placez-la à côté de cette dernière. Vous ferez de même pour toutes les cartes de cette valeur qui apparaîtront au fil du jeu.

Vous aurez ainsi 4 cartes de base, sur lesquelles vous formerez 4 piles de même couleur à partir de celle-ci, en ordre ascendant.

Observez maintenant les 4 cartes de la 2e rangée. Déplacez-les selon la règle valable pour la plupart des patiences: *carte inférieure sur carte supérieure de couleur opposée* (noir sur rouge, rouge sur noir).

Exemple (*voir* la photo 1): La Dame de pique va sur le Roi de coeur. En bougeant, la Dame de pique a laissé une place libre. Comblez-la avec la carte suivante du talon.

Si aucune des 4 cartes de la rangée ne peut être déplacée, procédez à la découverte des cartes du talon: Tenez celui-ci face tournée vers la table et tirez-en un paquet de 3 cartes. Retournez ce paquet et posez-le sur la table. Si la carte découverte peut être placée sur une carte du tableau ou sur une des piles des cartes de base ou encore servir de carte de base (si elle est de même valeur que la carte de base tirée au début du jeu), faites-le. Vous animez ainsi la carte qui se trouvait sous elle dans la pile des cartes comptées.

Exemple: La carte découverte de la pile des cartes comptées est un Deux rouge (*voir* la photo 1). Placez-la sur le Trois de pique du tableau. Vous avez ainsi libéré la carte qui se trouvait sous le Deux rouge, c'est-à-dire le Valet de carreau, qui peut maintenant être placé sur la Dame de pique. Les Huit seront sortis du talon et posés à côté de la première carte de base (Huit de coeur).

Vous pouvez tirer les cartes du talon par paquets de 3 autant de fois que vous le désirez, mais cela n'a de sens que si une carte au moins peut entrer dans le jeu. Lorsque aucune carte ne peut entrer dans le jeu, retournez les cartes du talon l'une après l'autre. De cette façon, chaque carte du talon (et non plus 1 sur 3) pourra, si c'est possible, être placée sur une carte du tableau ou sur une des piles des cartes de base. Mais vous n'avez droit à ce privilège qu'une fois.

Il arrive parfois qu'il ne vous reste, à la fin de la distribution des cartes du talon, que 2 ou 4 cartes en main. Vous avez alors le droit de les voir toutes l'une après l'autre en essayant de les placer. **Attention:** S'il vous en reste 3, vous n'avez pas droit à ce bénéfice.

Dès que vous en avez l'occasion, vous montez les cartes du tableau sur les piles des cartes de base.

Espaces libres

La place libre que vous avez créée en plaçant la Dame de pique sur le Roi de coeur, vous l'avez comblée avec la carte suivante du talon. Cependant, si cet espace libre est créé pendant le déroulement du jeu, c'est-à-dire à partir du moment où vous commencez à sortir les cartes du talon par paquets de 3, il pourra être comblé ou bien par la carte découverte de la pile des cartes comptées, ou bien par la carte suivante du talon. Vous avez le droit de retourner la carte suivante du talon, et, avant de prendre votre décision, de la comparer avec la carte découverte de la pile de cartes comptées.

Notez que la carte de base impose des séries de cartes très différentes dans le tableau.

Exemple: La carte de base est un Huit. C'est d'elle que dépend l'ordre des cartes dans les colonnes. Vous pouvez y construire la série idéale qui est la suivante: Sept, Six, Cinq, Quatre, Trois, Deux, As, Roi, Valet, Dix, Neuf. Pourquoi cette série en particulier? Parce que le Sept assure la rangée la plus longue, alors que le Huit est la carte de base, c'est-à-dire la plus faible, et n'entre pas dans les séries du tableau.

Voici un autre **exemple:** Si la carte de base est une Dame, les séries dans les colonnes du tableau peuvent être ordonnées de la façon suivante: Valet, Dix, Neuf, Huit, Sept, Six, Cinq, Quatre, Trois, Deux, As, Roi. La Dame, qui est la carte de base, ne peut pas entrer dans le jeu. La règle vous oblige à la sortir du jeu et à la placer à côté de la 1re carte de base.

Pendant le déroulement du jeu, soyez très attentif et ne perdez pas de vue la valeur de la carte de base. Elle ne doit pas revenir dans le jeu. Cependant, vous pouvez emprunter la carte qui termine la pile de la carte de base.

Emprunt

Dans une colonne du tableau, vous avez comme

dernière carte d'une série un Dix rouge. Vous avez sorti du talon un Huit rouge. Sur une des piles de cartes de base, vous avez un Neuf noir. Empruntez cette dernière carte, c'est-à-dire réintégrez-la dans le jeu en la posant sur le Dix rouge (de la colonne). Prenez le Huit rouge et posez-le sur le Neuf noir.

Il y a d'autres emprunts possibles, mais notez bien *qu'il ne faut jamais emprunter la carte de base.*

La patience «L» est réussie lorsque toutes les cartes du jeu forment 4 piles à la carte de base dans la couleur de cette carte et dans l'ordre ascendant.

La Patience «L» est très amusante et facile à réussir. Ses colonnes, toujours différemment ordonnées, lui donnent beaucoup de charme. Aussi, chaque ouverture qui est effectuée laisse-t-elle l'impression d'une nouvelle patience. Ses règles exigent beaucoup d'attention et une adaptation rapide aux situations créées. Dans cette patience, les As sont incorporés dans les piles des cartes de base, ce qui n'est pas le cas dans les autres patiences.

PREMIÈRE VARIANTE

Ses règles sont identiques à celles de la 1re forme. Cependant, les séries du tableau de base doivent absolument s'arrêter à l'As.

La réussite de cette variante est très rare, surtout si la carte de base est petite.

DEUXIÈME VARIANTE

Ses règles sont identiques à celles du jeu de base. La seule différence se situe dans le choix de la carte de base qui doit, par exemple, être obligatoirement un Roi. Ainsi, il faut attendre l'apparition des Rois dans le développement du jeu avant de construire des piles aux Rois.

En changeant la valeur de la carte de base, vous pouvez créer autant de variantes qu'il y a de valeurs dans le jeu.

Si vous avez bien appris les règles de cette patience expliquées en détail dans le jeu de base, vous n'aurez pas de grandes difficultés à pratiquer ces variantes. Cependant, l'ouverture des variantes est bien plus ardue que celle du jeu de base.

LA 9 × 9

Prenez 2 jeux de 52 cartes sans Jokers et battez-les ensemble.

Tableau de base

En tenant le talon face cachée, disposez les cartes découvertes comme suit.

Formez 9 rangées en posant les cartes comme elles se présentent dans le talon. Les cartes des rangées suivantes seront posées de façon à recouvrir partiellement celles de la rangée précédente.

La 1re rangée comptera 9 cartes; la 2e rangée, 8 cartes; la 3e rangée, 7 cartes; et ainsi de suite en diminuant d'une carte à chaque rangée, jusqu'à la 9e rangée qui ne compte qu'une carte.

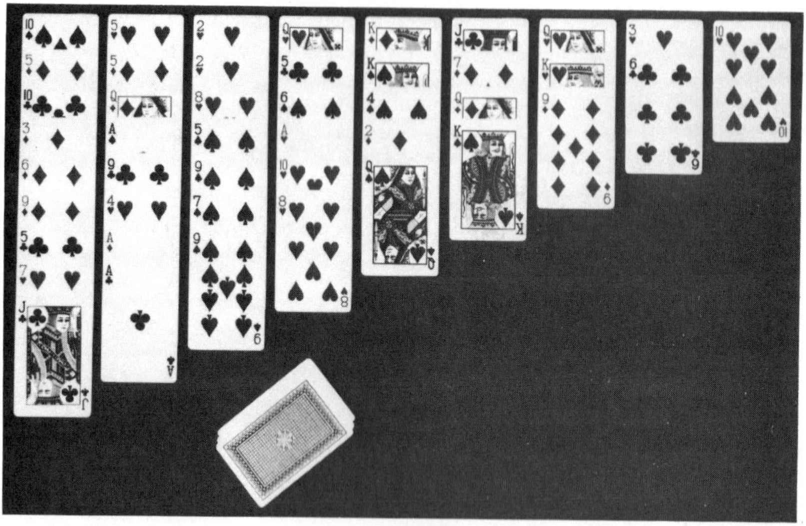

PHOTO 1

Le tableau de base est donc composé de 45 cartes découvertes. Il a la forme d'un triangle rectangle composé de 9 rangées et de 9 colonnes.

Ouverture

Déplacez les cartes selon la règle principale de la plupart des patiences: *carte inférieure sur carte supérieure de couleur opposée.* Sortez les As du tableau de base et construisez sur eux des piles à l'As dans l'ordre ascendant.

Exemple: Vous avez sorti un As de pique; posez sur lui au fur et à mesure qu'ils apparaissent tous les piques dans l'ordre ascendant: As, Deux, Trois, Quatre, etc.

Seules les cartes libres, c'est-à-dire celles qui terminent les colonnes, peuvent être jouées. Vous pouvez également déplacer des séries de cartes.

Exemple: Une série du tableau est composée comme suit: Dix rouge, Neuf noir, Huit rouge. Dans une autre colonne, vous avez un Valet noir. Transportez la série entière sur le Valet noir.

Espaces libres

Il arrive qu'en déplaçant les cartes vous créiez des espaces libres, c'est-à-dire que vous libériez toute une colonne. Comblez ces espaces libres par des Rois seulement. Les 2 jeux que vous utilisez comptent 8 Rois, et il est primordial de placer ceux-ci dans des espaces libres le plus vite possible, sinon ils bloqueront le jeu dans le tableau de base. À partir des Rois, vous pouvez, bien entendu, créer des séries.

Après avoir effectué toutes les manoeuvres possibles, prenez le talon et tirez-en un paquet de 3 cartes. Retournez ce paquet sur la table et efforcez-vous de placer la carte découverte dans le jeu. Si vous n'y parvenez pas, tirez du talon un autre paquet de 3 cartes, retournez-le et posez-le sur le paquet précédent. Continuez ainsi jusqu'à ce que vous puissiez faire entrer une carte du talon dans le jeu.

S'il ne vous reste que 2 cartes à la fin du talon, vous pouvez les retourner séparément. Quand une carte quitte la pile des cartes comptées, elle active la carte qui se trouvait sous elle et qui peut maintenant être placée dans le jeu. Plus il y a de cartes qui quittent la pile des cartes comptées, plus vous avez de chances de réussir la patience.

La patience 9 × 9 est réussie lorsque toutes les cartes du jeu forment 8 piles à l'As dans la couleur de l'As et dans l'ordre ascendant.

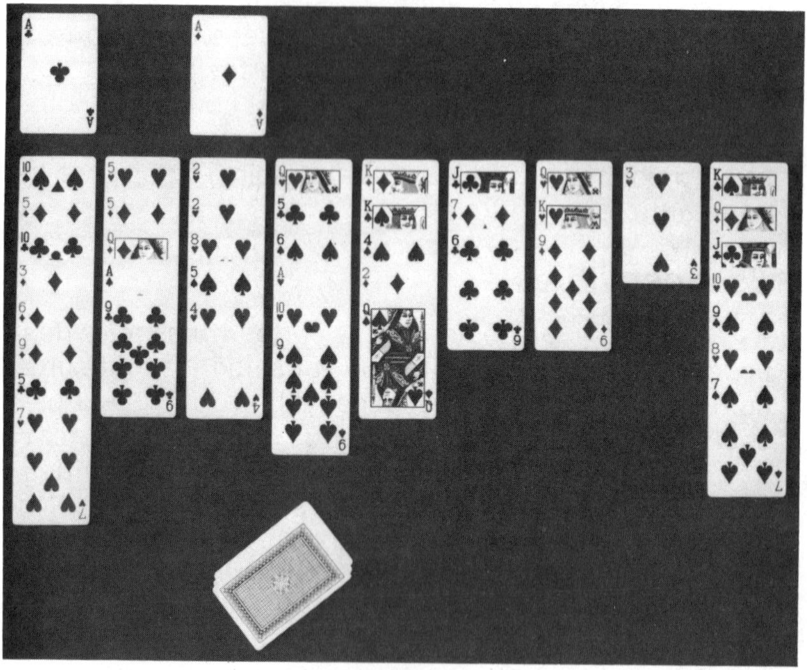

PHOTO 2

Exemple (*voir* les photos): Sortez l'As de trèfle, qui libère l'As de carreau. Sortez aussi l'As de carreau. Posez le Dix de coeur sur le Valet de trèfle. Vous créez ainsi un espace libre. Comblez-le avec le Roi de pique qui, quittant sa place, libère la Dame de carreau. Placez la Dame de carreau sur le Roi de pique de la dernière colonne. Posez le Huit rouge sur le Neuf noir (de pique). Vous venez de libérer le Dix de coeur. Placez la série du Neuf noir et du Huit rouge sur le Dix rouge. Vous venez de libérer le Sept de pique, qui va sur le Huit de coeur. Par ailleurs, transportez le Valet de trèfle sur la Dame de carreau qui se trouve sur le Roi de pique. Et ainsi de suite.

Emprunt

Comme c'était le cas pour les patiences décrites précédemment, vous pouvez avoir recours à l'emprunt pour activer le jeu.

Exemple: Sur une pile à l'As vous avez un Huit noir; au bout d'une colonne, un Neuf rouge; vous venez de sortir du talon un Sept rouge. Prenez le Huit noir de la pile à l'As et posez-le sur le Neuf rouge. Prenez ensuite le Sept rouge et posez-le sur le Huit noir. Vous avez ainsi réussi à animer le Sept rouge.

L'emprunt provoque souvent des déplacements en chaîne.

Exemple: Vous avez deux piles à l'As qui vont jusqu'au Huit. L'une est rouge (de coeur ou de carreau), l'autre est noire (de pique ou de trèfle). Vous venez de sortir du talon un Deux noir, qui ne peut pas entrer dans le jeu. Il faut essayer de «sauver» ce Deux noir. Pour ce faire, vous recourrez à plusieurs emprunts successifs. Si vous avez, dans le tableau, un Neuf noir et un Neuf rouge, empruntez les Huit des piles à l'As et posez-les sur les Neuf et ce, autant de fois qu'il faudra pour arriver à emprunter le Trois rouge. Sur ce Trois rouge placez maintenant le Deux noir.

Vous pouvez avoir recours à l'emprunt aussi souvent que vous le désirez. Cette manoeuvre offre d'innombrables possibilités de nouvelles situations. L'expérience est nécessaire pour profiter au maximum de l'emprunt, car, très souvent, un emprunt judicieux peut faire revivre un jeu qui semblait bloqué.

L'ouverture de cette patience est très facile, mais le jeu, par la suite, demande de l'attention et un certain savoir.

PREMIÈRE VARIANTE: LA 9 × 9 FERMÉE

Cette variante est plus difficile que le jeu de base, car les cartes du tableau sont posées face cachée. Seules les dernières cartes de chaque colonne sont découvertes.

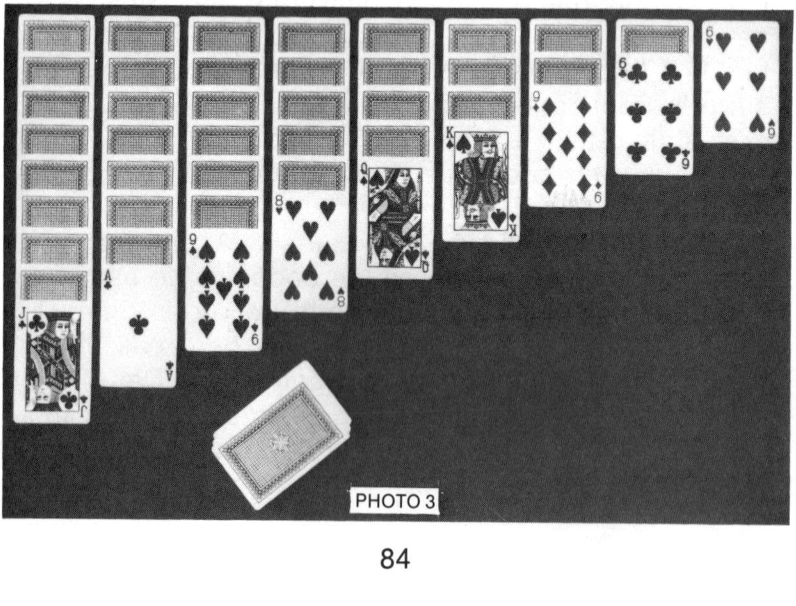

PHOTO 3

L'ouverture de cette variante s'effectue de la même façon que dans le jeu de base, mais elle est un peu plus complexe car le joueur ignore la valeur des cartes cachées. Sa réussite cependant n'est pas rarissime. Il faut multiplier les manoeuvres, créer des espaces libres, se servir des emprunts.

SECONDE VARIANTE: LA 9 × 9 DIFFICILE

La seule différence avec le jeu de base est le fait que les cartes du talon sont retournées 1 à 1 et non pas 3 par 3, et cela une seule fois.

Sa réussite est assez rare. Elle demande beaucoup d'expérience. On dit qu'elle est plus difficile que *La Grande Affaire* (qui figure à la p. 128), car son tableau de base est composé de 9 cartes découvertes seulement. Sachant que 2 jeux de 52 cartes renferment 8 Rois, il est de toute évidence très difficile de créer rapidement 8 espaces libres pour y caser les Rois.

L'INDONÉSIENNE

Prenez 2 jeux de 52 cartes sans Jokers, soit 104 cartes.

Avant de procéder à la construction du tableau de base, mélangez bien les cartes.

Tableau de base

Formez 2 rangées de 7 cartes chacune. Toutes les cartes sont découvertes, sauf la 4e de la 2e rangée.

Le tableau étant composé de 14 cartes, il vous reste 90 cartes en main.

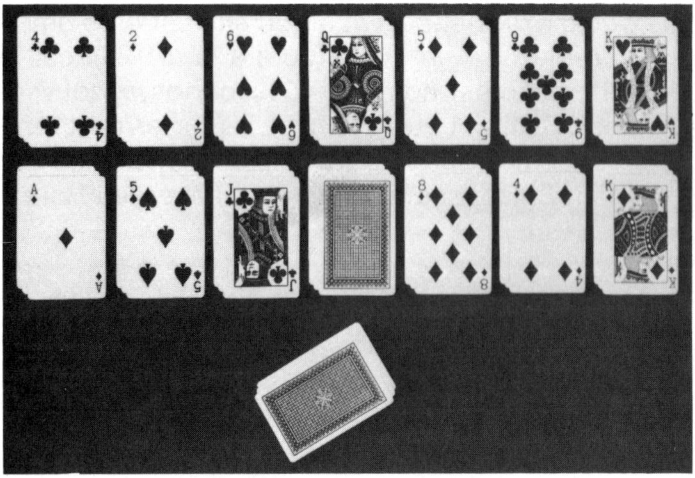

PHOTO 1

Voici maintenant la valeur des places:

1re rangée:

La 1re place est réservée aux As;
la 2e place est réservée aux Deux;
la 3e place aux Trois;

la 4e aux Quatre;
la 5e place aux Cinq;
la 6e place aux Six;
la 7e place aux Sept;

2e rangée:
La 1re place est réservée aux Huit;
la 2e place est réservée aux Neuf;
la 3e place aux Dix;
la 4e place est réservée à la pile cachée, qui joue un rôle très important;
la 5e place est réservée aux Valets;
la 6e place aux Dames;
la 7e place aux Rois.

Vous avez donc disposé 14 cartes sur 2 rangées. Une de ces cartes est cachée. Regardez maintenant si, parmi les cartes du tableau, il y en a qui se trouvent déjà à leur place. *Pour chaque carte qui se trouve déjà à sa place dans le tableau, ajoutez une carte fermée sur la pile cachée. Pour chaque As, où qu'il se trouve, ajoutez 2 cartes fermées sur la pile cachée.* Peu importe s'il y a dans votre tableau des As ou des cartes qui sont déjà à leur place, ajoutez 2 cartes fermées sur la pile cachée avant de procéder à une nouvelle distribution.

Exemple (*voir* la photo 1): La 2e carte de la 1re rangée est un Deux; la 5e est un Cinq; la 1re carte de la 2e rangée est un As et la 7e carte est un Roi. Dans ce cas, ajoutez sur la pile cachée 1 carte pour le Deux (qui se trouve à sa place), 1 carte pour le Cinq (qui se trouve à sa place), 2 cartes pour l'As (souvenez-vous, toujours 2 cartes pour l'As, où qu'il se trouve) et 1 carte pour le Roi (qui se trouve à sa place). Donc, au total, 5 cartes plus les 3 cartes obligatoires que vous posez sur la pile cachée après chaque distribution.

Important: S'il arrive qu'un As se trouve à sa place, ajoutez 3 cartes sur la pile cachée: 2 parce que c'est un As et 1 parce qu'il est à sa place.

Faites ensuite une 2e distribution de 14 cartes en recouvrant les cartes de la 1re distribution. Puis déposez sur la pile cachée le nombre de cartes qui convient après avoir fait le même calcul qu'au moment de la 1re distribution.

Procédez ainsi jusqu'à épuisement des cartes du talon. (Il se peut que la dernière distribution soit incomplète.)

Plus il y a de cartes sur la pile cachée, plus vous avez de possibilités de réussir cette patience.

Ouverture

Commencez lorsque toutes les cartes du talon sont distribuées. Vous avez ainsi constitué 13 piles dont seules les cartes découvertes sont jouables.

Vous devez chercher d'abord à sortir du tableau de base 4 As qu'il faut aligner au-dessus du tableau, ainsi que 4 Rois que vous alignerez au-dessous. Attention! il ne doit y avoir qu'un As et qu'un Roi de chaque couleur.

Exemple: Parmi les cartes découvertes du tableau, vous avez 2 As de coeur et l'As de pique. Sortez un seul As de coeur et, bien sûr, l'As de pique. Vous avez aussi 2 Rois de trèfle et 2 Rois de coeur. Sortez un Roi de coeur et un Roi de trèfle. Donc, sortez (si vous en avez la possibilité) 4 As de couleur différente et 4 Rois de couleur différente. Sur ces Rois et sur ces As, formez au cours du jeu des piles dans la couleur de la carte de base.

Piles à l'As: Les cartes sont rangées dans la couleur de l'As et dans l'ordre *ascendant.*

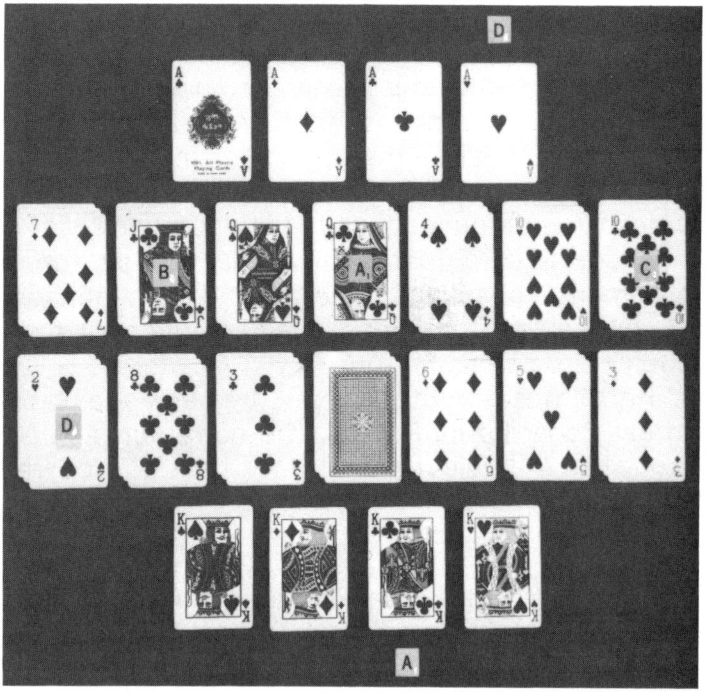

PHOTO 2

Piles au Roi: Les cartes sont rangées dans la couleur du Roi et dans l'ordre *descendant.*

Ainsi, après avoir retiré les As et les Rois du tableau de base, vous aurez 1, 2, 3 ou 4 As au-dessus du tableau et 1, 2, 3 ou 4 Rois au-dessous du tableau.

Regardez maintenant les 13 piles de cartes découvertes du tableau. Les cartes découvertes peuvent être placées sur les piles aux Rois ou sur les piles à l'As.

Exemple: Vous avez sorti du tableau un As de coeur, un Roi de pique et un Roi de trèfle. Parmi les cartes découvertes des 13 piles du tableau, vous avez un Deux de coeur, une Dame de trèfle, un Valet de trèfle et un Dix de trèfle. Placez le Deux de coeur sur l'As de coeur (ainsi la pile à l'As commence à se construire). Sur le Roi de trèfle vous devez, selon la règle, ranger les cartes en ordre descendant. Mettez-y la Dame de trèfle, puis le Valet de trèfle, puis le Dix de trèfle, etc. Le Roi de pique ne peut recevoir de carte puisqu'il n'y a pas de Dame de pique dans le tableau.

Avant de continuer le jeu, il faut épuiser tous les mouvements possibles. Une carte sortie dégage la carte qui se trouvait en dessous, laquelle pourra éventuellement sortir à son tour.

Retournez maintenant la 1re carte de la pile cachée. Regardez-la. Posez cette carte sur la pile qui correspond à sa valeur, puis prenez cette pile, ouvrez-la en éventail sans en déranger l'ordre et sortez toutes les cartes pouvant venir se poser sur les piles à l'As ou celles au Roi, selon la règle (en ordre ascendant pour les As, en ordre descendant pour les Rois). S'il n'y a pas de carte jouable, remettez la pile à sa place, puis tirez la carte suivante de la pile cachée. Posez-la sur la pile de sa valeur, prenez toute la pile, disposez-la en éventail, observez les cartes et sortez celles qui peuvent aller sur les piles aux Rois ou sur celles aux As.

Exemple: Vous venez de tirer un Neuf de la pile cachée. Posez cette carte sur la pile qui correspond à sa valeur, c'est-à-dire la 2e pile de la 2e rangée, puis prenez cette pile, ouvrez-la en éventail et sortez-en les cartes qui peuvent aller sur les piles au Roi ou sur celles à l'As.

Il arrive souvent que la sortie d'une carte provoque des déplacements en chaîne. Gardez votre éventail ouvert jusqu'à ce que la dernière manoeuvre soit effectuée, car en déplaçant une carte du tableau vous pouvez animer une carte de votre éventail.

Il arrive parfois que toutes les cartes d'une pile (ou

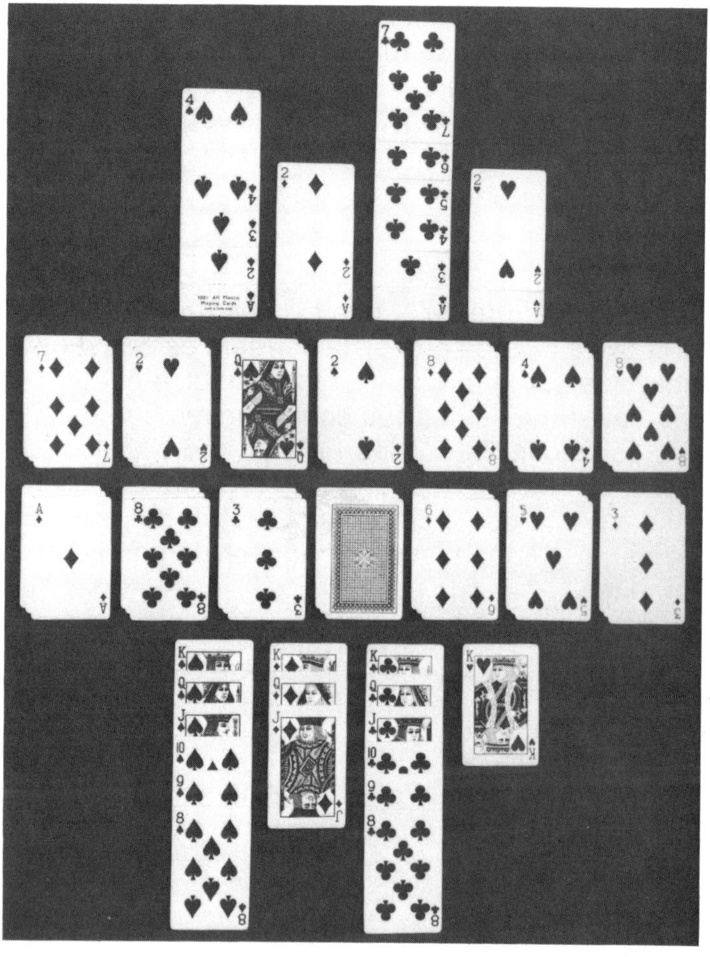

PHOTO 3

de plusieurs piles) du tableau soient utilisées. Si, dans ce cas, vous tirez de la pile cachée une carte dont la valeur correspond à celle qui est attribuée à cette pile, posez-la à la place de la pile après, évidemment, vous être assuré qu'elle ne pouvait pas être placée sur une des piles au Roi ou à l'As.

L'Indonésienne est réussie lorsque toutes les cartes du tableau de base forment 4 piles au Roi (en ordre descendant) et 4 piles à l'As (en ordre ascendant).

Cette patience est difficile à réussir. Voici quelques astuces qui vous aideront à pallier votre manque d'expérience.

Emprunt

Vous avez tiré de la pile cachée un Huit de pique. Sur la pile à l'As (de pique), la dernière carte est un Six, tandis que sur la pile au Roi (de pique), c'est un Sept. Vous savez que les cartes sont rangées sur les As en ordre ascendant et sur les Rois en ordre descendant. Transférez alors le Sept de pique (de la pile au Roi) sur la pile à l'As. Vous animez ainsi le Huit de pique. Bien entendu, cette manoeuvre changera un peu l'état des deux piles.

Voici un autre **exemple:** Sur une pile du tableau de base, vous avez un Roi de trèfle, alors que vous avez déjà commencé à construire une pile au Roi de trèfle dont la dernière carte est un Quatre... Transportez toutes les cartes de la pile au Roi, y compris le Roi, sur la pile à l'As de trèfle. Vous aurez ainsi libéré une place pour l'autre Roi de trèfle qui se trouve dans le tableau de base. Sur ce nouveau Roi, construisez une autre pile descendante.

Transfert

Vous avez déjà construit une pile à l'As de pique qui est complète, alors que la pile au Roi de pique n'est même pas commencée. Pendant ce temps, quelque part dans le tableau de base vous avez un As de pique. Transférez les cartes de la pile à l'As commençant par le Roi, pour former une pile au Roi de pique. Vous avez ainsi formé une pile au Roi de pique complète. Sortez de la base l'As de pique afin de commencer une nouvelle pile à l'As. Ce transfert d'une pile à l'autre, de même couleur, est possible et permis seulement lorsqu'il est justifié, c'est-à-dire lorsqu'il suscite l'animation de nouvelles cartes.

Double transfert

Prenons le même **exemple**: Vous avez une pile à l'As (de pique) complète, alors que la pile au Roi (de pique) va jusqu'au Huit. Sur une pile du tableau de base, vous avez un As de pique et un Deux de pique. Il semble que ces cartes ne soient pas jouables, mais voyons la suite... Posez l'As de pique sur le Roi qui termine la pile à l'As (de pique), puis sur lui le Deux de pique, etc. Cependant, pour que cette patience soit réussie, il faut, à la fin du jeu, remettre ces cartes «à leur place». Vous ne devez avoir que 4 piles à l'As et 4 piles au Roi à la fin du jeu.

Avec l'expérience, vous découvrirez de nouvelles astuces.

En ce qui a trait au nom de cette patience, malgré toutes nos recherches, nous n'avons pas réussi à trouver son origine. On suppose qu'il lui a été donné par quelqu'un qui l'avait apprise en Indonésie.

Au début du jeu, tout paraît compliqué, mais lorsque les cartes se mettent en mouvement et que les As et les Rois commencent à quitter le tableau, le jeu devient rythmé et très beau. Il vous absorbera complètement. Avec beaucoup de concentration et de constantes vérifications, vous arriverez rapidement à réaliser des combinaisons compliquées et ingénieuses.

L'ouverture de cette patience peut être suivie par

plusieurs joueurs. Le travail collectif a son charme car il incite aux conversations, aux échanges d'idées, au partage de la joie... ou des déceptions.

LA THÉÂTRALE

Prenez un jeu de 52 cartes et battez-les.

Tableau de base

Formez 17 groupes de 3 cartes disposées de la façon suivante: Posez 2 cartes l'une à côté de l'autre, face cachée, puis 1 carte, face visible, à cheval sur les 2 cartes précédentes. Après que vous avez formé vos 17 groupes, il ne vous reste qu'une carte, que vous poserez face visible à la fin du tableau. C'est la Solitaire.

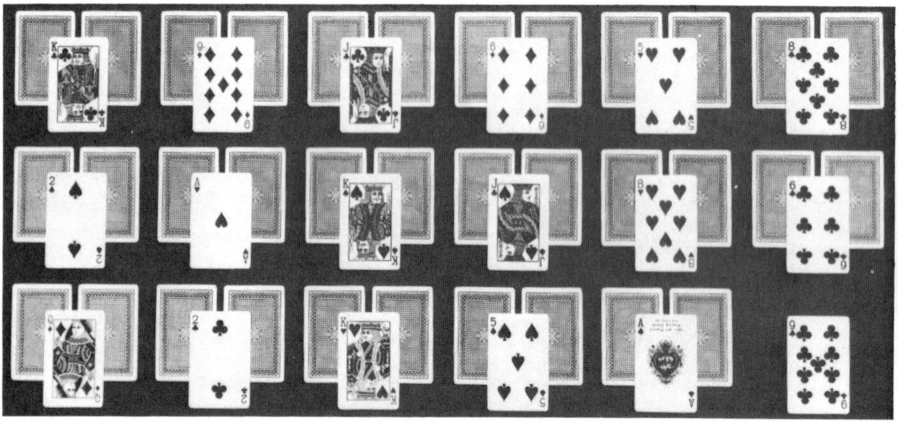

PHOTO 1

Ouverture

Si, parmi ces 18 cartes découvertes du tableau, il y a des As, sortez ces derniers afin de construire sur eux des piles ascendantes dans la même couleur.

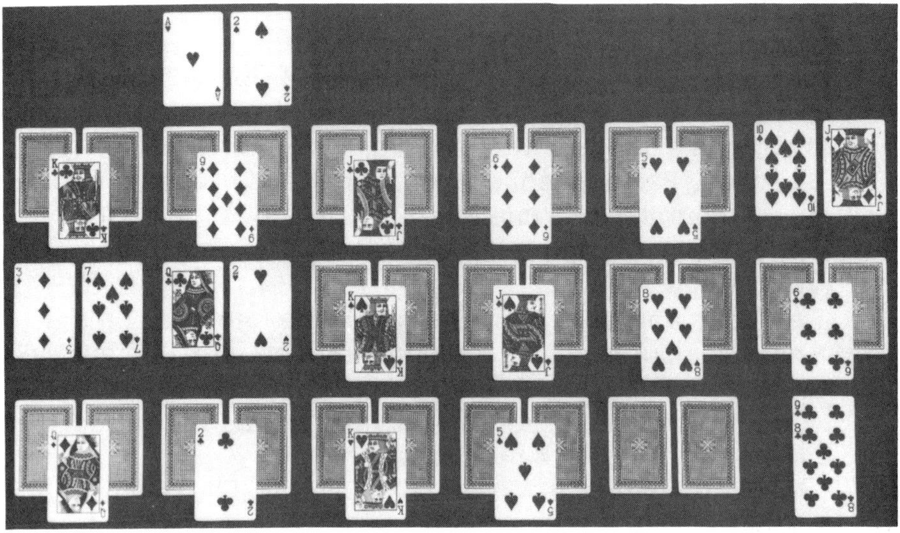

PHOTO 2

La règle du déplacement des cartes est la suivante: *carte inférieure sur carte supérieure* (Sept sur Huit, Dame sur Roi, Deux sur Trois) *de la même couleur.* Déplacez de cette façon non seulement des cartes isolées mais aussi des séries de cartes.

Exemple: Vous avez déjà construit une série du Huit au Cinq de coeur et une autre série du Dix au Neuf de coeur; transférez la 1re série sur la 2e.

En déplaçant les cartes découvertes, vous libérez les cartes cachées: Vous pouvez alors les retourner et les incorporer dans le jeu.

Si le jeu est bloqué (c'est-à-dire qu'aucune carte ne peut être déplacée), utilisez la Solitaire. Posez sur elle n'importe quelle carte découverte du tableau, ou bien placez-la sur une carte découverte du tableau.

La règle du Roi

Vous avez le droit de sortir un seul Roi du tableau et de le poser à la place de la Solitaire à condition d'avoir déjà utilisé cette dernière, c'est-à-dire de l'avoir déplacée. Par conséquent, cette place de réserve ne peut être utilisée qu'une fois, et pour y poser un Roi ou toute une série de cartes partant du Roi (Roi, Dame, Valet, etc.).

Vous pouvez également construire une pile sur la Solitaire, pour la déplacer ensuite tout entière, libérant ainsi la place «réservée» au Roi.

La patience est réussie lorsque toutes les cartes du tableau forment 4 piles à l'As.

Cette patience est très amusante. Elle s'ouvre rapidement mais demande de la réflexion. Il existe toujours plusieurs façons de régler un problème, et c'est justement cette pluralité de solutions qui en fait le charme. Par contre, la disposition des cartes dans le talon pose parfois des problèmes.

PREMIÈRE VARIANTE

Ses règles sont identiques à celles du jeu de base, mais vous placez *toutes les cartes du tableau de base de façon qu'elles soient découvertes* (face visible). Elle est donc très facile à réussir.

SECONDE VARIANTE

Les règles et le tableau de base sont identiques à ceux du jeu de base, mais le déplacement des cartes s'effectue de la façon suivante: *carte inférieure sur carte supérieure de couleur opposée.* Cette variante demande une plus grande concentration.

LA RAPIDE EN 32

Battez un jeu de 32 cartes, c'est-à-dire formé des Sept, des Huit, des Neuf, des Dix, des Valets, des Dames, des Rois et des As.

Tableau de base

Disposez les cartes de gauche à droite en 4 rangées composées de 8 cartes chacune. Posez toutes les cartes face cachée, sauf la dernière carte de la 4e rangée qui est découverte. Vous n'avez plus de cartes dans les mains.

PHOTO 1

Ouverture

Octroyez une couleur à chacune des rangées. Puis

prenez l'unique carte découverte du tableau et posez-la à sa place.

Exemple: Si la 1re rangée est destinée aux coeurs, la 2e aux piques, la 3e aux trèfles et la 4e aux carreaux, et si la carte découverte est un Huit de coeur, placez-la à la 7e place de la 1re rangée. Pourquoi? Parce que *les cartes doivent être alignées dans l'ordre suivant: As, Roi, Dame, Valet, Dix, Neuf, Huit, Sept*. Posez alors la carte à sa place en retournant celle qui s'y trouvait, puis mettez celle-ci à son tour à la place qui lui est destinée. Supposons que la carte nouvellement découverte soit un As de pique; posez-la à la 1re place de la 2e rangée.

La suite du jeu est claire, car chaque nouvelle carte vient prendre sa place dans le tableau.

La patience est réussie lorsque les cartes formant les 4 rangées sont ordonnées dans la couleur choisie et dans l'ordre descendant, de l'As au Sept.

La patience est bloquée lorsque le Sept de carreau prend la place laissée vacante au début.

Bénéfice

Si le jeu est bloqué, retournez les cartes cachées du tableau, et si ces cartes se trouvent déjà à leur place, la patience est considérée comme réussie.

Exemple: Il vous reste quelques cartes cachées: la 1re de la 1re rangée (coeurs), la 2e de la 2e rangée (piques). Retournez ces deux cartes: Si la 1re est un As de coeur et la 2e un Roi de pique, la patience est réussie.

Cette patience ne demande pas beaucoup de temps, mais elle est assez difficile. Elle est amusante et exige de la concentration, car une seule erreur peut la faire échouer.

LA RAPIDE EN 32 À DEUX

Cette patience peut être jouée à 2 ou à plusieurs. Il y a diverses façons de compter les points. Nous avons choisi la suivante:

- Chaque patience réussie (sans utiliser le bénéfice) apporte 20 points positifs.
- Chaque patience réussie grâce à l'utilisation du bénéfice apporte 10 points positifs.
- Chaque carte non découverte donne 1 point négatif.

À la fin du jeu, ou de plusieurs jeux, les joueurs comptent leurs points.

LES QUATRE PILES

Battez un jeu de 32 cartes composé des Sept, des Huit, des Neuf, des Dix, des Valets, des Dames, des Rois et des As.

Tableau de base

Coupez le jeu en 4. Posez ces 4 piles face cachée. Retournez la 1re carte d'une pile et reposez-la au même endroit. Répétez l'opération avec les 3 autres piles. Regardez la carte qui se trouve sous chaque pile. Vous connaissez donc maintenant la valeur des 8 cartes qui se trouvent aux 2 bouts de chacune des piles.

La patience est réussie lorsque vous avez obtenu 2 paires de cartes de même valeur.

Cependant, si les cartes de même valeur se trouvent dans la même pile, la paire n'est pas acceptée.

Exemple: Vous avez retourné la 1re carte d'une pile et vous avez obtenu une Dame. Retournez la même pile et regardez la carte qui se trouve à l'autre bout. Si cette carte est une Dame, la paire qu'elle forme avec la première Dame n'est pas acceptée.

Cette patience est excessivement simple, mais elle n'est pas facile à réussir. Vous pouvez la pratiquer pendant les moments de détente, entre 2 patiences plus compliquées. Nous la recommandons aux débutants.

Son origine est liée à une superstition: «Si j'ai deux paires, mon désir sera réalisé...»

LA PATIENCE-POKER

Tirez d'un jeu de 52 cartes les Valets, les Dames, les Rois et les As. Cette patience se joue avec 16 cartes.

Tableau de base

Battez bien les cartes. Formez 4 rangées composées de 4 cartes chacune. Posez toutes les cartes face cachée, sauf la dernière de la 4e rangée.

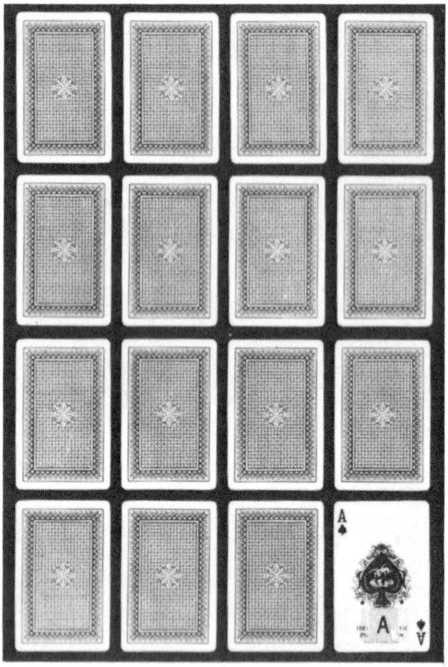

PHOTO 1

Ouverture

La 1re rangée appartient aux As;
la 2e rangée appartient aux Rois;
la 3e rangée appartient aux Dames;

la 4e rangée appartient aux Valets.

Prenez l'unique carte découverte du tableau et posez-la à sa place. Si c'est un As (peu importe sa couleur), posez-le à la 1re place de la 1re rangée, car cette rangée appartient aux As. Prenez la carte cachée qui s'y trouve déjà et mettez-la à son tour à la place qui est prévue pour elle. La disposition des cartes doit se faire de gauche à droite.

Exemple: Le 1er Roi découvert sera placé à la 1re place de la 2e rangée; le 2e Roi découvert, à la 2e place de la même rangée, etc.

La patience est réussie lorsque toutes les cartes sont placées selon la règle.

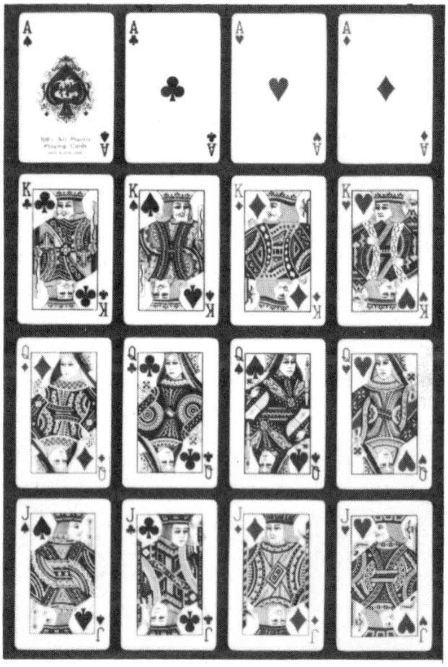

PHOTO 2

La carte la plus dangereuse de cette patience et le 4e Valet, car il vient combler la place rendue vacante au début du jeu, qui s'en trouve, du fait, bloqué.

Il vous reste une dernière chance: Retournez les cartes cachées et si elles se trouvent déjà à leur place, la patience est considérée comme réussie.

Cette patience, malgré son apparente simplicité, est assez difficile à réussir. Elle a été inventée par les amateurs de poker dans l'attente du 4e joueur. Elle est amusante et ne demande pas beaucoup de temps. Nous la recommandons aux débutants.

PATIENCE-POKER À DEUX OU À PLUSIEURS

Voici comment on décompte les points:

- Chaque patience réussie apporte 10 points positifs.
- Chaque carte non placée apporte 1 point négatif.

Il existe de nombreuses variantes de cette patience ainsi que plusieurs façons de compter les points.

LA PATIENCE DOUBLE

Prenez un jeu de 32 cartes, c'est-à-dire les Sept, les Huit, les Neuf, les Dix, les Valets, les Dames, les Rois et les As. Battez-le bien.

Tableau de base

Prenez le paquet de 32 cartes, face cachée. Tirez les 2 premières cartes et posez-les face visible l'une à côté de l'autre. Si elles sont de même valeur elles forment une paire et vous les mettez à votre droite sur la table, la face bien visible, car vous allez vous en servir plus tard. S'il s'agit de 1 ou de 2 Sept, sortez cette carte (ou ces cartes) à votre gauche. Sur les Sept retirés du jeu, construisez *des piles à Sept dans la couleur du Sept et dans l'ordre ascendant* (du Sept à l'As).

Si parmi les 2 cartes tirées du talon, il n'y a pas de paires ni de Sept, laissez ces cartes à leur place. Puis tirez les 2 cartes suivantes du talon et posez-les sur les 2 précédentes de façon qu'elles se chevauchent et forment 2 colonnes.

Quand 2 cartes de même valeur se trouvent l'une à côté de l'autre dans deux colonnes différentes ou l'une au-dessus de l'autre dans la même colonne, appariez-les et sortez-les du tableau, la face bien visible. Ainsi, vous dégagez d'autres cartes que vous pouvez apparier de la même façon. Sachez cependant que la colonne de *droite ne doit jamais compter plus de cartes que la colonne de gauche*. Donc, si vous avez une carte de plus dans la colonne de droite, déplacez-la obligatoirement à gauche. Cette manoeuvre peut créer de nouvelles paires. Si vous le désirez, transférez plusieurs cartes de la colonne de droite à la colonne de gauche.

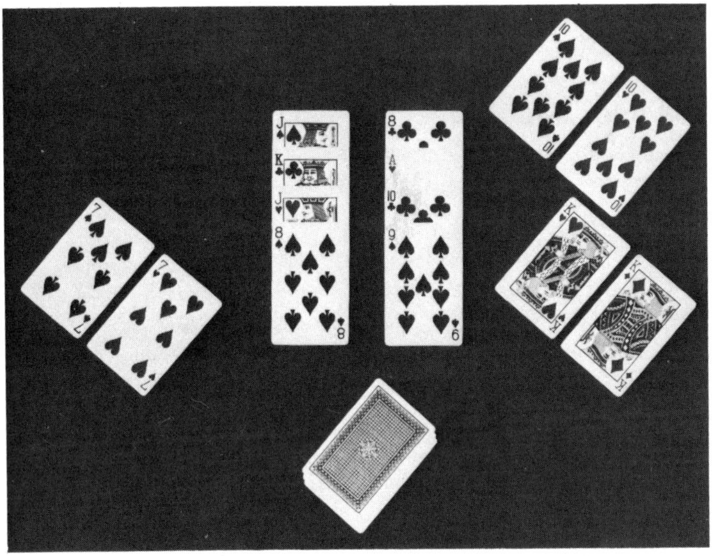

PHOTO 1

Sortez toujours 2 cartes du talon à la fois et, avant d'en tirer 2 nouvelles, effectuez toutes les manoeuvres possibles.

Pour construire les piles à Sept, servez-vous des paires que vous avez sorties du jeu et des cartes qui terminent les colonnes (sans obligation de les apparier).

Exemple: Vous avez sorti du jeu 2 Sept (de pique et de coeur); vous avez accouplé les Huit (de pique et de coeur). Posez ces Huit tout de suite sur les piles à Sept et procédez de la même façon avec toutes les cartes que vous avez sorties du jeu.

Il est très important d'effectuer toutes les manoeuvres possibles après chaque distribution de 2 cartes du talon.

Vous avez donc 2 tâches à effectuer: former les paires et construire les piles à Sept.

Lorsqu'il ne reste plus de cartes dans le talon et que la patience n'est pas réussie, ramassez les cartes des colonnes, battez-les bien et recommencez comme la 1re fois: Tirez 2 cartes du talon, appariez-les si possible, vérifiez le nombre de cartes dans les colonnes car vous savez que la colonne de gauche doit compter autant sinon plus de cartes que la colonne de droite. *Cette 2e distribution est aussi la dernière.*

La patience est réussie lorsque toutes les cartes forment 4 piles à Sept dans la couleur du Sept et dans l'ordre ascendant (du Sept à l'As).

Il est assez facile de réussir cette patience à condition d'y accorder un maximum d'attention. Il ne faut pas se fier à son apparente simplicité.

On l'appelle *double* parce que vous avez 2 tâches parallèles à effectuer.

VARIANTE

La seule différence avec le jeu de base est le fait que cette variante ne permet qu'une distribution de cartes. Il est donc bien plus difficile de la réussir.

LE DOUBLE CADRAN

Cette réussite offre plusieurs similitudes avec *L'Horloge de Napoléon*. Prenez 2 jeux de 52 cartes, sans Jokers, et battez-les ensemble.

Tableau de base

Disposez toutes les cartes face cachée dans le sens des aiguilles d'une montre de façon que chaque carte corresponde à un chiffre du cadran: La 1re carte va à 1 heure, la 2e à 2 heures, etc., jusqu'à la 12e qui va à 12 heures, tandis que la 13e carte va au centre du cadran, en haut à droite. Cela constitue la première distribution. *Faites 4 distributions au total.*

Dans chaque distribution suivante, posez les cartes en recouvrant complètement celles de la précédente distribution, alors que la 13e carte sera chaque fois au centre du cadran, successivement en bas à droite, en bas à gauche et en haut à gauche. Vous venez de former le «petit cadran». Il vous reste 52 cartes dans les mains.

Maintenant, formez le «grand cadran» autour du petit. Procédez de la même façon que pour le petit cadran: Effectuez 4 distributions au total en posant les cartes sur celles de la distribution précédente, tandis que la 13e carte de chaque distribution rejoint la 13e carte des distributions correspondantes du petit cadran.

Après avoir distribué 8 fois 13 cartes, il ne vous reste plus de cartes dans les mains. Chaque pile représentant l'heure du petit et du grand cadran est composée de 4 cartes. Dans le centre, il y a 4 piles composées de 2 cartes chacune.

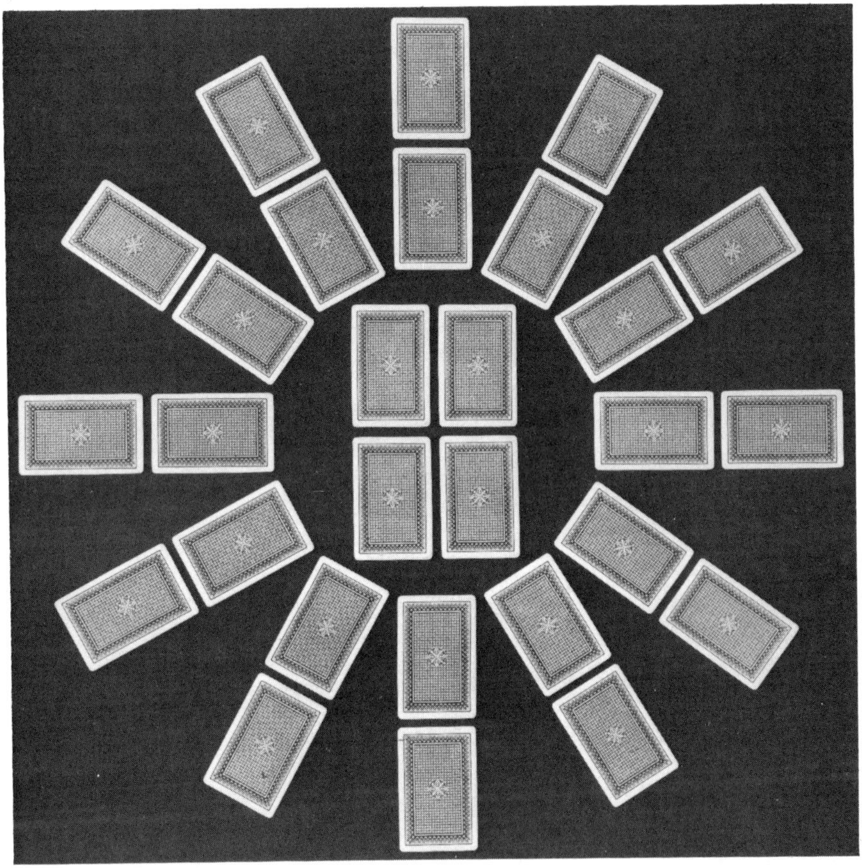

PHOTO 1

Ouverture

Retournez la 1re carte du paquet du centre qui se trouve en haut à droite et glissez-la sous le paquet qui correspond à sa valeur. Sachez que:

- Le grand cadran est destiné aux coeurs et aux carreaux.
- Le petit cadran est destiné aux piques et aux trèfles.

À 1 heure, posez les As (de pique et de trèfle dans le petit cadran, de coeur et de carreau dans le grand cadran). À 2 heures, placez les Deux, et ainsi de suite jusqu'aux Dix, qui vont à 10 heures; à 11 heures, les Valets, et à 12 heures, les Dames.

Exemple: Supposons que la 1re carte découverte soit un Trois de coeur. Posez-la à 3 heures, dans le grand cadran, en la glissant face visible sous la pile des cartes cachées qui s'y trouve. Puis, prenez la carte qui est sur le dessus de cette pile et retournez-la. Sup-

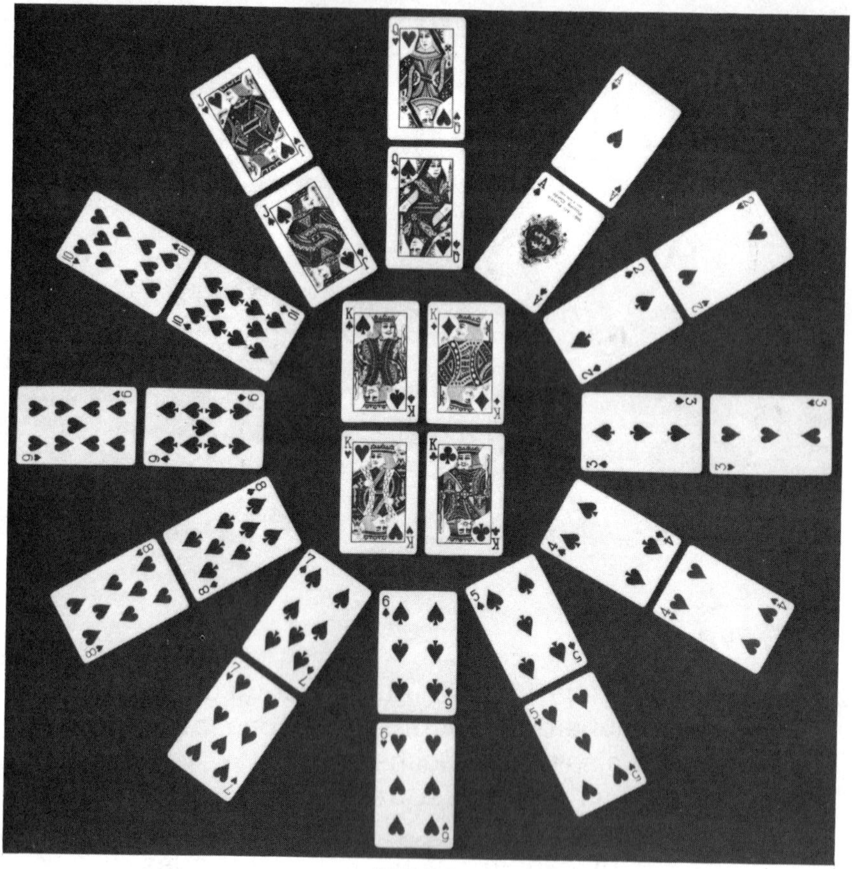

PHOTO 2

posons que ce soit un Valet de pique. Glissez-le face visible sous la pile de 11 heures du petit cadran et prenez la carte qui se trouve sur cette même pile, et ainsi de suite. Si vous retournez un Roi, glissez-le face visible sous la première pile du centre en haut à droite, retournez la carte qui est sur le dessus de cette même pile et procédez comme avec la 1re carte tirée du centre, au début du jeu. Si vous glissez une carte sous le paquet où il n'y a plus de cartes cachées, retournez une des cartes fermées du centre. Les cartes du centre sont tirées dans l'ordre suivant: 1re carte de la 1re pile, puis, un Roi étant glissé sous cette pile, 2e carte de la même pile. S'il arrive un 2e Roi, glissez-le sous le 1er et prenez la 1re carte de la 2e pile (en haut à gauche). Et ainsi de suite jusqu'à épuisement des cartes cachées du centre.

La patience est réussie lorsque toutes les cartes sont rangées dans l'ordre ascendant de l'As à la Dame (de pique et de trèfle dans le petit cadran, de coeur et de carreau dans le grand cadran). Les Rois restent au centre.

Cette patience est très difficile. Elle demande beaucoup d'efforts et d'application, car le tableau de base est assez grand. Certains joueurs l'appellent même «la patience pour les gymnastes».

LE TRILLING CACHÉ

Tableau de base

Battez soigneusement un jeu de 52 cartes sans Jokers. Posez devant vous une carte cachée sur la table, puis une 2e carte cachée chevauchant la 1re. La 3e carte est découverte et posée sur la 2e. Les 3 cartes forment une colonne. C'est un *trilling*. Formez de la même façon 17 *trillings* (17 × 3 = 51). Posez la dernière carte, face visible, au bout du tableau de base. C'est la Solitaire.

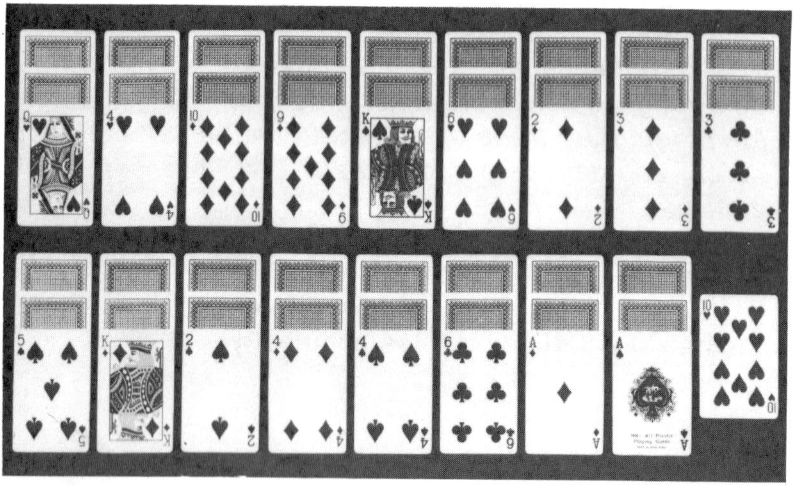

PHOTO 1

Ouverture

Sortez tous les As du tableau. Alignez-les et construisez sur eux, tout au long du jeu, des *piles à l'As* dans leur couleur et dans l'ordre ascendant (As, Deux,

Trois, Quatre, etc.).

La Solitaire peut recevoir d'autres cartes découvertes ou être transférée sur une carte du tableau. Dans ce dernier cas, la place devient libre et ne peut être comblée que par un Roi ou une série de cartes partant du Roi. Attention! cet espace libre ne peut être comblé qu'une fois.

Après avoir déplacé une carte découverte d'un *trilling*, retournez la carte cachée qui se trouvait au-dessus d'elle et, si c'est possible, incorporez-la dans le jeu.

Déplacez les cartes selon la règle: *carte inférieure sur carte supérieure de même couleur.*

Exemple: Le Sept de coeur ne peut aller que sur le Huit de coeur; le Cinq de pique ne peut aller que sur le Six de pique, etc.

Vous pouvez déplacer non seulement des cartes isolées mais aussi des séries de cartes. Par exemple, la série suivante: Six, Cinq, Quatre, Trois (de trèfle) va sur un Sept de trèfle, qui peut figurer seul ou comme dernière carte d'une série commencée.

La patience est réussie lorsque toutes les cartes du tableau forment 4 piles à l'As.

PREMIÈRE VARIANTE: LE TRILLING DÉCOUVERT

La seule différence avec le jeu de base se situe dans la composition du tableau: Toutes les cartes sont posées face visible.

Cette variante est beaucoup plus facile que le jeu de base. Cependant, il faut être très concentré afin de ne pas négliger les manoeuvres qui pourraient être utiles. Parfois, l'ordre des cartes dans le talon pose certains problèmes, mais cela donne un charme particulier au jeu en vous obligeant à réfléchir et à multiplier les combinaisons.

SECONDE VARIANTE

Toutes les règles sont identiques à celles du jeu de base, à l'exception de celle qui régit le déplacement des cartes. Vous devez placer, en effet, *une carte inférieure sur une carte supérieure de couleur opposée.* Bien sûr, les piles à l'As sont construites dans la couleur de l'As et dans l'ordre ascendant.

Facilité

Prenons un **exemple:** Vous avez une série de pique (Six, Sept, Huit, Neuf, Dix). Sur une autre série, vous avez un Huit de trèfle (qui termine la série ou qui est seul, peu importe). Sur la pile à l'As de pique doit se poser un Huit. Comment sortir ce Huit de la série? Il s'agit de placer toute la série au-dessous du Huit de pique sur le Huit de trèfle et placer le Huit de pique sur la pile à l'As.

La patience est réussie lorsque toutes les cartes sont sorties du tableau.

LA 7×7 CACHÉE

…tez soigneusement un jeu de 52 cartes sans Jokers.

Tableau de base

Formez une rangée de 7 cartes, dont 6 sont cachées et la 7e découverte. Puis faites une 2e rangée de 5 cartes cachées et de 1 carte découverte en les faisant chevaucher celles de la 1re rangée. La 3e rangée comporte 5 cartes dont la dernière est découverte. La 4e rangée a 4 cartes dont la dernière est découverte, etc., jusqu'à la 7e rangée qui n'est composée que de 1 carte découverte.

Le tableau de base a la forme d'un triangle rectangle composé de 28 cartes.

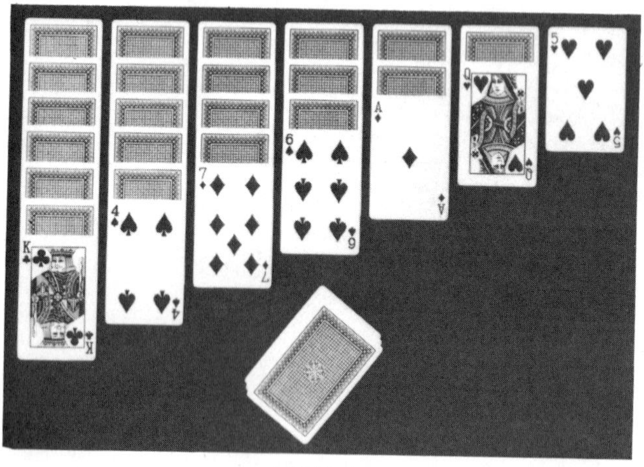

PHOTO 1

Posez le talon, où il reste 24 cartes, sur la table, face cachée.

Ouverture

Sortez les As du tableau de base. Construisez sur eux, tout au long du jeu, des piles à l'As dans la couleur de ce dernier et dans l'ordre ascendant (As, Deux, Trois, etc.).

Déplacez les cartes du tableau selon la règle suivante: *carte inférieure sur carte supérieure de couleur opposée.*

Exemple: Dans une colonne, vous avez un Quatre noir comme dernière carte, et dans une autre colonne, un Cinq rouge; placez alors le Quatre sur le Cinq. Vous formez ainsi des séries qui, elles aussi, peuvent être déplacées à leur tour. Regardez la photo: Le Cinq de coeur et le Quatre de pique (donc une série) sont reportés ensemble sur le Six de Pique, puis ce Six, suivi du Cinq et du Quatre, va sur le Sept de carreau. Par ailleurs, la Dame de coeur va sur le Roi de trèfle.

En déplaçant les cartes, vous découvrirez d'autres cartes qui s'intègrent dans le jeu.

Il peut arriver que toutes les cartes d'une colonne soient déplacées. Cet espace vacant ne peut être comblé que par un Roi, seul ou suivi d'une série de cartes.

Cet espace libre est marqué d'un A sur la photo 2. Déplacez alors le Roi de la 1re colonne, suivi de la Dame, et posez-les là où se trouvait la colonne. Maintenant, retournez les cartes cachées qui viennent d'être libérées pour essayer de les déplacer.

Toutes les cartes jouables se trouvant au bas des colonnes peuvent être sorties sur les piles à l'As.

Vous venez de retourner les cartes cachées afin de les incorporer dans le jeu. L'As quitte le tableau et libère une colonne, qui accueille le Roi de pique. Le choix des cartes est très important.

Exemple: Vous avez 2 Neuf rouges et 1 seul Dix

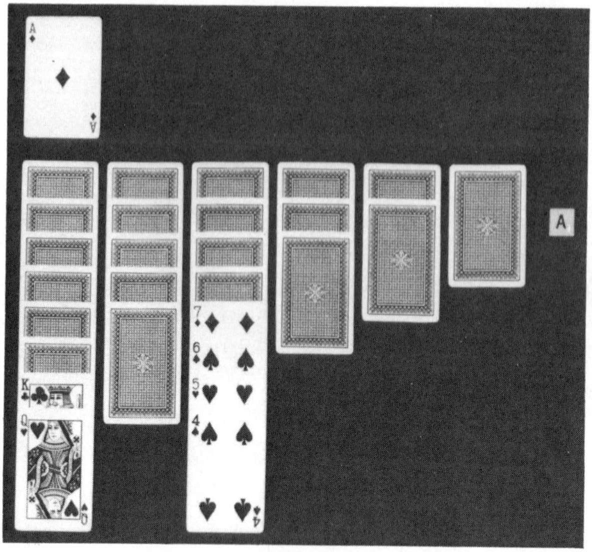

PHOTO 2

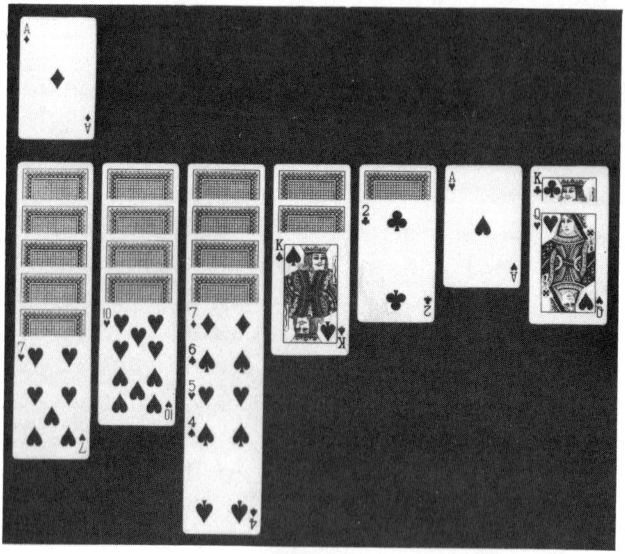

PHOTO 3

noir. En déplaçant l'un des 2 Neuf, vous débloquez, par exemple, un Valet rouge, et en déplaçant l'autre Neuf, vous débloquez un Trois qui ne peut pas être utilisé. Il est évident que vous devez choisir le 1er Neuf parce qu'il débloque le Valet rouge, lequel peut recevoir le Dix rouge.

Lorsque vous avez effectué tous les déplacements possibles, prenez le talon et tirez-en 3 cartes. Retournez ce petit paquet sur la table. La 3e carte seule est visible. C'est elle qu'il faut tâcher d'incorporer dans le jeu.

Quand une carte quitte la pile des cartes comptées, elle libère celle qui se trouvait en dessous, laquelle peut être placée dans le tableau selon les règles. Puis, tirez un nouveau paquet de 3 cartes. (S'il vous reste moins de 3 cartes dans les mains, vous les comptez une par une.) Continuez cette manoeuvre jusqu'au moment où aucune carte du talon ne peut entrer dans le jeu. Cependant, cela ne veut pas dire que le jeu soit terminé pour autant. Reprenez le talon et tirez toutes les cartes 1 par 1, et non plus 3 par 3, en essayant de les faire entrer dans le jeu, mais une fois seulement!

Exemple: Sur la pile des cartes comptées, vous avez un Neuf rouge. Posez cette carte sur le Dix noir qui se trouve au bout d'une colonne du tableau. Le Neuf déplacé débloque le Huit noir qui se trouvait dessous. Le Huit peut être déplacé à son tour.

La patience est réussie lorsque toutes les cartes du tableau sont placées sur les piles à l'As.

EMPRUNT

Pour comprendre l'utilité de l'emprunt, il faut pratiquer plusieurs fois cette patience.

Exemple: Sur la pile à l'As de pique, vos cartes sont rangées jusqu'au Quatre. Dans une des colonnes du tableau, il reste une seule carte découverte: le Cinq de trèfle. La dernière carte d'une colonne est le Cinq de pique. Transférez le Quatre rouge (qui se trouve sur le Cinq de pique) sur le Cinq de trèfle. Vous libérez ainsi le Cinq de pique qui va sur la pile à l'As de pique; la colonne du Cinq de trèfle prend la place qu'occupait le Cinq de pique. Cette manoeuvre vous permet donc de débloquer la carte qui se trouve sous le Cinq de trèfle et d'introduire le Cinq de pique dans la pile à l'As de pique...

Vous pouvez utiliser l'emprunt autant de fois que vous le désirez.

Retour

Vous avez un Quatre rouge sur la pile des cartes comptées. À première vue, cette carte n'est pas utilisable. Mais sur la pile à l'As de pique vous avez un Cinq noir, alors qu'au bout d'une colonne du tableau vous avez un Six rouge. Prenez le Cinq noir de la pile à l'As et posez-le sur le Six rouge. Puis le Quatre rouge sur le Cinq noir. Cette manoeuvre est très utile car elle vous permet de débloquer le Quatre rouge (venu du talon).

Remarque

Vous pouvez user du droit à l'*emprunt* et au *retour* autant de fois que vous le désirez, et sur toutes les cartes.

La patience intitulée *La 7 × 7 Cachée* porte aussi plusieurs autres noms, dont un qui lui convient tout à fait: *La patience d'une seule occasion*. Pourquoi? Eh

bien, pour la simple raison qu'un jeu d
possède qu'un Trois de trèfle, par exem
difficile, si cette carte est déjà passée,

Cette patience demande beauc
une grande concentration et le s
binaison. Le résultat dépend néanmoins
l'ordre des cartes dans le tableau de base et dans le
talon.

Le charme de cette patience, c'est l'incertitude qu'elle apporte. Parfois, au moment où l'on se sent prêt à renoncer, une carte nouvellement «découverte» vient débloquer le jeu. Il faut donc vous armer de patience et persévérer. La réussite vous apportera une grande joie.

N'oubliez pas: *C'est vous qui prenez les décisions*. Vous êtes libre de déplacer une carte qui se présente ou de ne pas le faire; quand vous avez un espace libre, vous n'êtes pas obligé d'y placer un Roi.

Dans cette patience, la manipulation des cartes est facile et ne demande pas beaucoup d'espace. Son déroulement est relativement rapide et, avec l'expérience, vous pourrez effectuer plusieurs ouvertures en peu de temps.

VARIANTE: LA 7 × 7 DÉCOUVERTE

La seule différence que présente cette variante avec le jeu de base se situe dans la construction du tableau de base. Les cartes y sont posées de la même façon, mais elles sont toutes découvertes. D'où son nom: *La 7X7 Découverte*.

LA GRANDE AFFAIRE

Cette patience se joue avec 2 jeux de 52 cartes sans Jokers.

Tableau de base

Battez bien les 2 jeux réunis. Formez 10 rangées en posant les cartes découvertes de gauche à droite, chaque rangée empiétant sur la rangée précédente:

1re rangée: 10 cartes;
2e rangée: 9 cartes;
3e rangée: 8 cartes;
4e rangée: 7 cartes;
5e rangée: 6 cartes;
6e rangée: 5 cartes;
7e rangée: 4 cartes;
8e rangée: 3 cartes;
9e rangée: 2 cartes;
10e rangée: 1 carte.

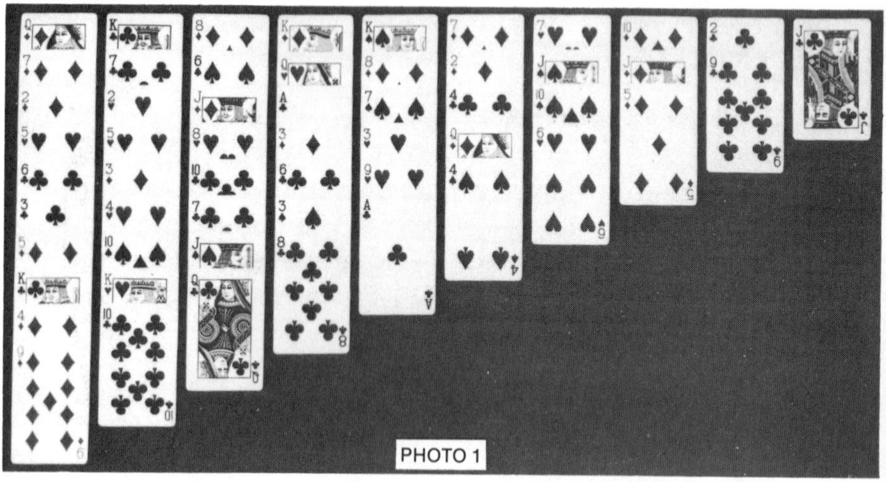
PHOTO 1

Le tableau, composé de 55 cartes, a la forme d'un triangle rectangle. Cette disposition achevée, il vous reste en main un talon de 49 cartes cachées.

Ouverture

Déplacez les cartes selon la règle suivante: *carte inférieure sur carte supérieure de couleur opposée*. De cette façon, formez des séries.

Exemple: Placez le Neuf rouge (qui se trouve à la fin de la 1re colonne) sur le Dix noir (2e colonne), puis le Huit noir (4e colonne) sur le Neuf rouge.

Sortez les As lorsqu'ils apparaissent à la fin des colonnes et posez-les hors du tableau. Sur ces As (il y en a 8), construisez des piles à l'As dans l'ordre ascendant (As, Deux, trois, etc.).

Il arrive au cours du jeu que toutes les cartes d'une colonne soient déplacées. Comblez cette place libre par un Roi, seul ou suivi d'une série de cartes (Roi, Dame, Valet, etc.).

La patience est réussie lorsque toutes les cartes forment 8 piles à l'As.

Exemple: Regardez la photo 1. Sortez l'As de trèfle, puis reportez le Huit de trèfle sur le Neuf de coeur (qui vient d'être débloqué). Transportez ce Neuf de coeur suivi du Huit de trèfle sur le Dix de trèfle. Le Trois de coeur est ainsi libéré et va sur le Quatre de pique. Maintenant, posez le Six de coeur sur le Sept de pique (qui vient d'être débloqué). Le Dix de pique est ainsi débloqué et peut recevoir le Neuf de carreau, qui libère à son tour le Quatre de carreau. Cette dernière carte accueille le Trois de pique, alors que le Cinq de carreau va se placer sur le Six de trèfle. Le Valet de carreau est débloqué... Il y a encore beaucoup de possibilités, mais il est important que le Valet de trèfle soit transféré sur la Dame de carreau afin qu'une place libre soit créée pour y recevoir un Roi, seul ou accompagné d'une série.

Efforcez-vous, par conséquent, d'effectuer le plus de déplacements possible.

Maintenant, prenez le talon, face tournée vers la table, et retournez les cartes l'une après l'autre en essayant de les incorporer dans le jeu, selon la règle que vous connaissez: *carte inférieure sur carte supérieure de couleur opposée*. Si la carte tirée du talon n'est pas utilisable, posez-la sur la pile de cartes non utilisées, face visible, et retournez la carte suivante du talon. Si, en revanche, la carte tirée du talon rejoint le tableau, elle débloque la carte qui se trouvait sous elle, dans la pile, qui peut alors entrer dans le jeu.

Exemple: La carte tirée du talon est un Neuf noir, qu'il est impossible de placer dans le tableau. Posez cette carte sur la pile devant vous. La carte suivante tirée du talon est un Dix rouge qui va sur un Valet noir du tableau suivi du Neuf tiré du talon. S'il y avait sous ce Neuf noir un Huit rouge, cette carte pourrait aussi entrer dans le jeu.

Emprunt

Vous avez le droit d'emprunter la carte qui termine une pile à l'As.

Exemple (*voir* la photo 2): Vous venez de sortir du talon un Six de coeur. Il n'y a pas de Sept noir dans le tableau où placer ce Six rouge. Mais la pile à l'As de pique se termine par un Sept noir. Prenez cette carte et posez-la sur le Huit de coeur qui se trouve à la fin de la 8e colonne. À présent, placez le Six rouge du talon sur le Sept noir. Vous avez réussi à incorporer une nouvelle

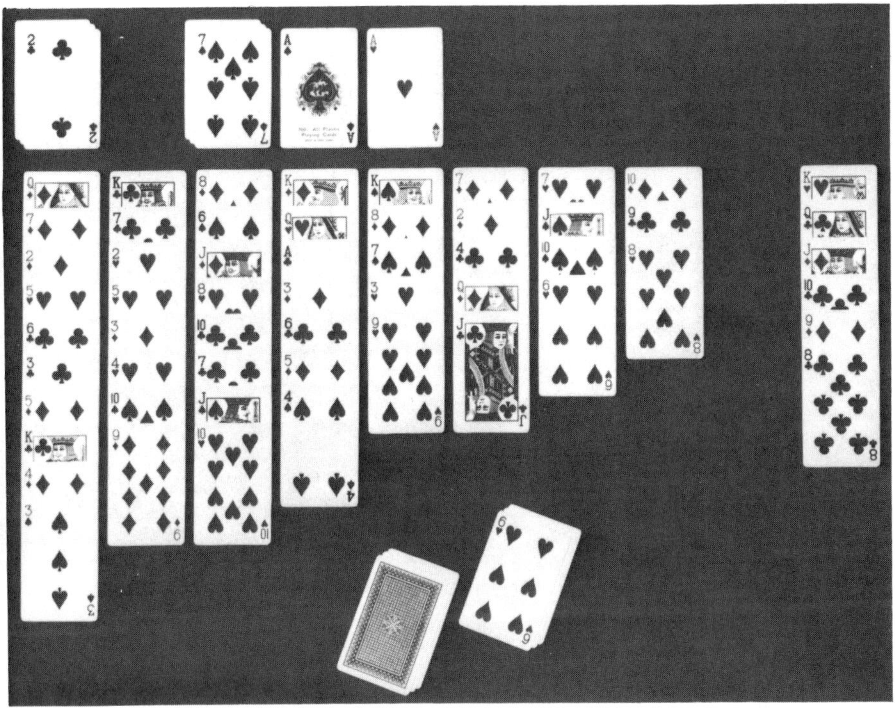

PHOTO 2

carte dans le jeu, ce qui est très important...

N'épargnez aucun effort pour faire revenir dans le jeu les cartes restantes du talon.

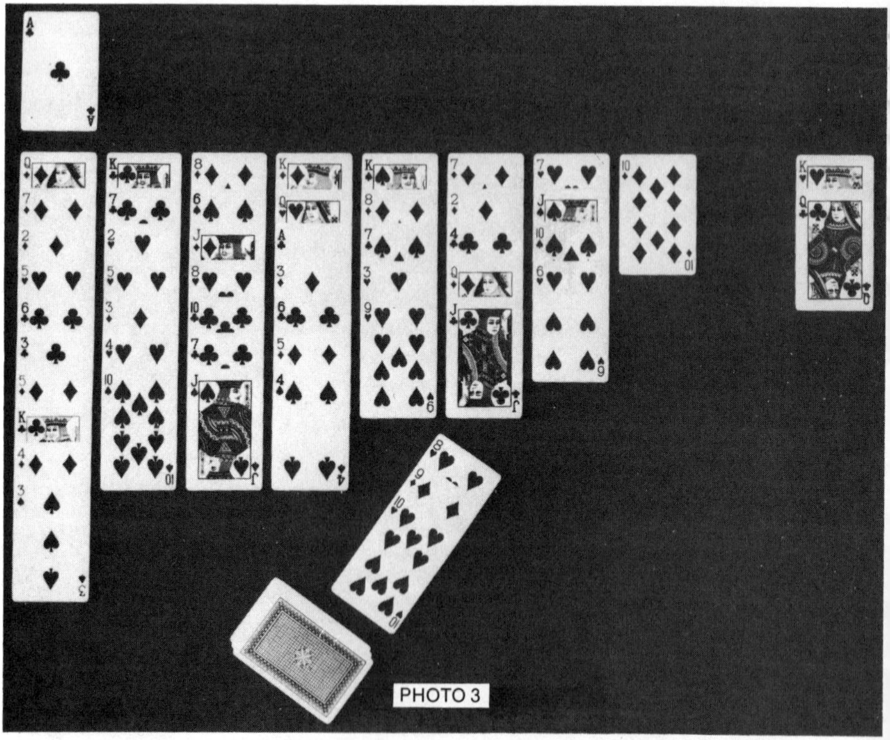
PHOTO 3

Observez la photo: Les 3 cartes sorties du talon sont un Dix, un Neuf et un Huit (tous rouges). Placez le Dix rouge sur le Valet de trèfle (dans la 6e colonne). Vous venez de libérer le Neuf de carreau qui se trouvait sous le Dix de coeur. Posez cette carte sur le Dix de pique (dans la 2e colonne). C'est le Huit de coeur qui est maintenant libre et qui va sur le Neuf de trèfle (dans la 9e colonne). Vous avez ainsi réussi à intégrer au tableau les 3 cartes tirées du talon.

Transférez de la même façon une série de cartes sur une autre carte ou sur une autre série.

Le choix de la manoeuvre à accomplir est très important. Vous avez, par exemple, 2 Six noirs et 1 Sept rouge dans le tableau. Choisissez celui des 2 Six qui est le plus utile. Mais n'oubliez pas les cartes du talon qui sont passées, car si sous l'un de ces Six se trouve un Neuf noir, vous pourrez ainsi débloquer le Neuf et construire une série.

Conseil

Observez bien les cartes du tableau et souvenez-vous bien de celles qui apparaissent dans le talon sans être utilisées. Créez des places libres pour intégrer les Rois dans le tableau, car le Roi bloque la carte qui se trouve sous lui. Utilisez l'*emprunt*. N'oubliez pas que c'est toujours vous qui décidez s'il faut ou non effectuer une manoeuvre qui se présente.

Voici encore une manoeuvre intéressante.

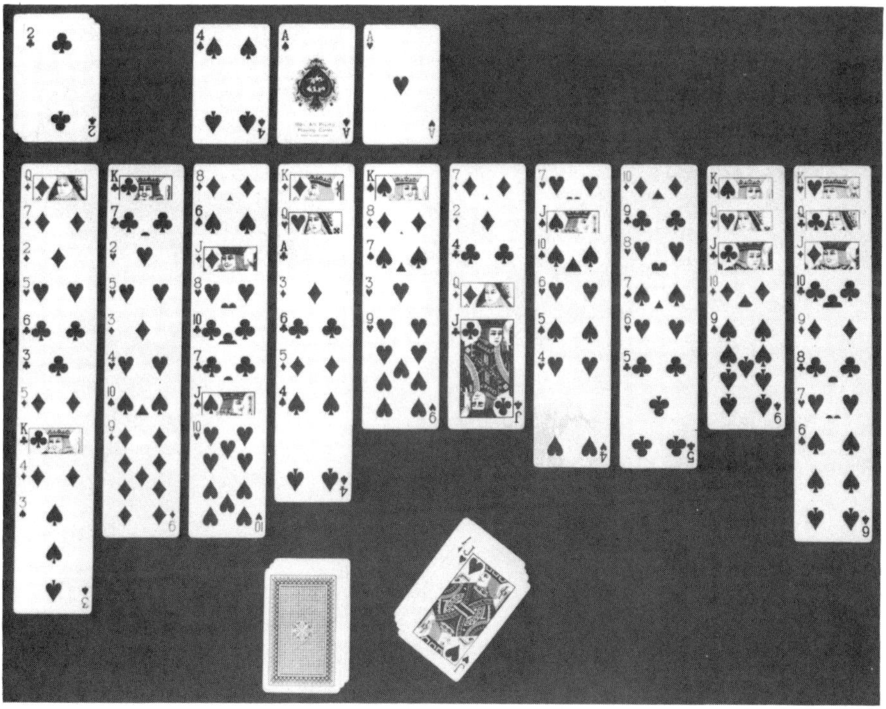

PHOTO 4

Dans le tableau, vous avez un Cinq de trèfle. La pile à l'As se termine par un Quatre. Dans la 7ᵉ colonne, vous avez un Cinq de pique qui n'est pas libre. Il faut le libérer. Comment? Transférez le Quatre de coeur sur le Cinq de trèfle. Le Cinq de pique rejoint la pile à l'As, suivi du Six de pique (de la 10ᵉ colonne).

La Grande Affaire est une des plus belles patiences qui soit. Sa réussite dépend surtout de vous. C'est donc vous qui tirez les ficelles du jeu, et non le hasard. Si vous aimez les combinaisons, si vous avez le sens de l'observation et une bonne mémoire, et si vous êtes audacieux, vous pouvez réussir. Cette patience fait appel à toutes vos capacités.

Elle peut également être jouée à 2 ou à plusieurs. Le charme du jeu collectif se situe dans la consultation, la prévision, la décision et la réflexion que l'on partage.

Important

Pendant le déroulement du jeu, vous avez le droit de regarder les cartes qui sont passées ainsi que la carte suivante du talon.

LES PAIRES

Battez soigneusement un jeu de 52 cartes sans Jokers.

Il n'y a pas de tableau de base proprement dit pour ce jeu car l'ouverture commence dès que les 2 premières cartes sont posées sur la table.

Ouverture

Disposez les cartes face visible en 2 colonnes. Placez d'abord une carte à gauche, puis une carte à droite. Mettez ensuite sous chacune de ces cartes une seconde qui la chevauche, et ainsi de suite.

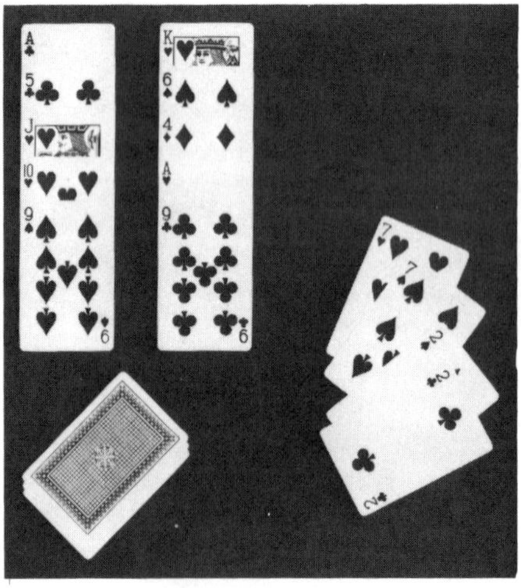

PHOTO 1

Lorsque les 2 colonnes se terminent par des cartes de même valeur (2 Rois, 2 As, 2 Huit, etc.), appariez-les et sortez-les du jeu. Regardez la photo 1: Les 2 Neuf qui terminent les colonnes vont quitter le jeu comme c'était le cas l'instant d'avant pour les Sept et les Deux.

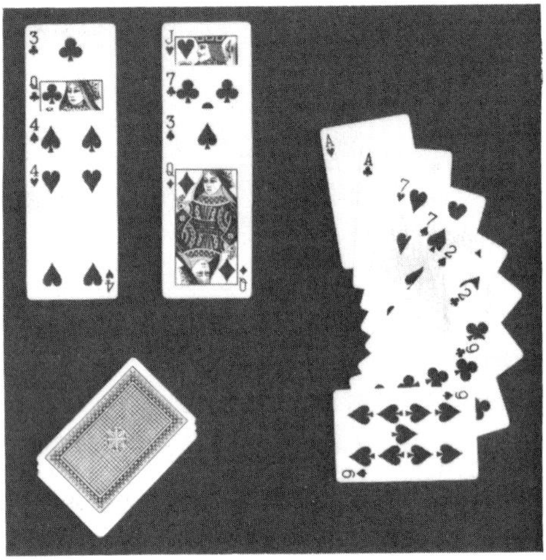

PHOTO 2

Si 2 cartes de même valeur se trouvent l'une au-dessus de l'autre dans la même colonne, elles forment également une paire. Sortez les 2 Quatre de la colonne gauche. Vous venez de libérer la Dame de trèfle qui forme un couple avec la Dame de carreau de l'autre colonne. Sortez-les du jeu. Procédez de la même façon avec les Trois. Vous pouvez donc créer des paires en chaîne.

Reprenez le talon et posez une carte à gauche, une autre à droite. Dès qu'une paire apparaît, sortez-la du jeu. Si vous déposez une carte à gauche et que cette carte forme une paire avec la carte qui se trouvait déjà à droite, vous pouvez retirer la paire avant même de poser la carte du talon sur la colonne de droite.

Lorsque vous avez ainsi passé toutes les cartes, et après avoir sorti du jeu toutes les paires possibles, ramassez soigneusement les cartes de la 1re colonne, en respectant l'ordre dans lequel elles se trouvent, puis celles de la 2e colonne. Posez le paquet de la 2e colonne sur le paquet de la 1re colonne et recommencez toute la démarche: une carte à gauche, une carte à droite en sortant les paires du jeu.

Vous avez le droit de recommencer encore une fois, c'est-à-dire 3 fois en tout.

La patience est réussie lorsque toutes les cartes sont sorties du jeu.

Elle peut être accomplie dès la 1re distribution comme elle peut ne pas être conclue même après la 3e distribution.

Le jeu est très rapide et ne demande pas beaucoup de réflexion. Avec un peu d'attention et une bonne dose de chance, vous pouvez la réussir.

LES PAIRES À DEUX OU À PLUSIEURS

Chaque joueur à son tour procède à l'ouverture du jeu.

- Chaque carte non appariée donne 1 point négatif.
- Une patience réussie dès la 1re distribution, 50 points positifs et après la 3e distribution, 30 points positifs.

  Après un ou plusieurs jeux, les joueurs additionnent leurs points et les comparent.

VARIANTE

Vous observez les mêmes règles que pour le jeu de base, mais vous n'utilisez que 32 cartes (du Sept à l'As). Cette variante est plus facile à réussir.

Nous recommandons cette patience aux

débutants. Elle ne demande ni beaucoup de temps ni beaucoup d'espace.

LA GUIRLANDE CACHÉE

Cette patience se joue avec 2 jeux de 52 cartes sans Jokers. Elle exige beaucoup d'attention car la disposition des cartes dans le tableau prête à confusion. Par conséquent, concentrez-vous et choisissez bien vos combinaisons car chaque solution peut offrir plusieurs variantes.

Tableau de base

Battez bien ensemble les 104 cartes. Disposez une rangée de 10 cartes dont la dernière est découverte. Recouvrez ces cartes entièrement avec une 2e rangée composée de 9 cartes dont la dernière est découverte, une 3e rangée de 8 cartes, une 4e rangée de 7 cartes, une 5e rangée de 6 cartes et une 6e rangée de 5 cartes. Seules les dernières cartes des rangées sont découvertes. Après la 6e rangée, vous en faites une dernière de 10 cartes découvertes. Notez que chaque carte d'une nouvelle rangée recouvre entièrement les cartes de la rangée précédente.

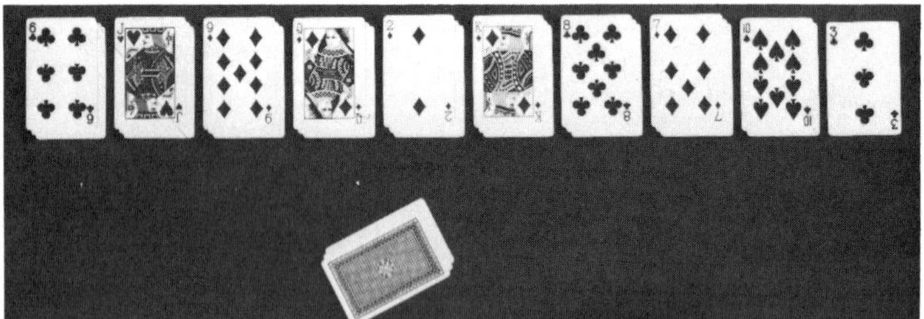

PHOTO 1

Vous venez de constituer le tableau de base composé de 10 piles et comptant en tout 55 cartes.

Les 49 cartes qui restent forment le talon. Posez-les face cachée.

Ouverture

Observez bien les cartes du tableau. Déplacez les cartes selon la règle suivante: *carte inférieure sur carte supérieure de couleur opposée, et de façon à chevaucher la carte d'accueil*, donc sans la masquer complètement.

Exemple: Le Sept de carreau va sur le Huit de trèfle, ou le Six de trèfle va sur le Sept de carreau. Constituez de cette façon des séries que vous pouvez ensuite déplacer en suivant ce principe. Reportez-vous à la photo 1: Vous avez un Dix noir, un Neuf rouge, un Huit noir et un Valet rouge. Mettez le Huit noir sur le Neuf rouge, puis le Neuf rouge accompagné du Huit noir sur le Dix noir. Puis envoyez toute cette série à partir du Dix noir sous le Valet rouge.

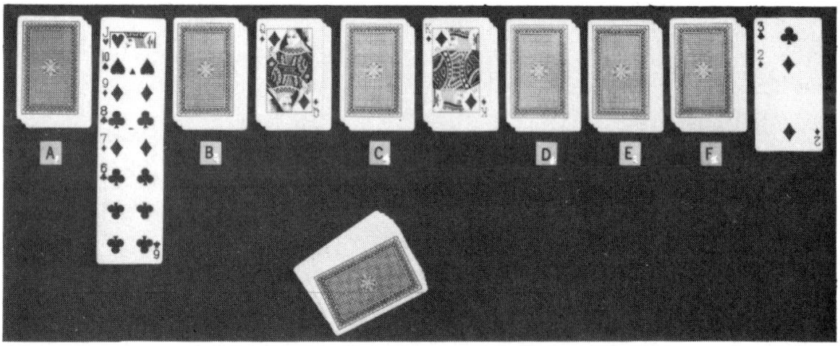

PHOTO 2

Sortez les As du tableau. Construisez sur eux des piles dans la couleur de l'As et dans l'ordre ascendant (As, Deux, Trois, Quatre, etc.). Comme vous avez 8 As —puisqu'il y a 2 jeux de 52 cartes—, vous devez construire 8 piles à l'As.

La patience est réussie lorsque les cartes du jeu forment 8 piles à l'As complètes.

Lorsque vous arrivez à une carte cachée, retournez-la afin de l'incorporer dans le jeu (photo 2: A, B, C, D, E, F).

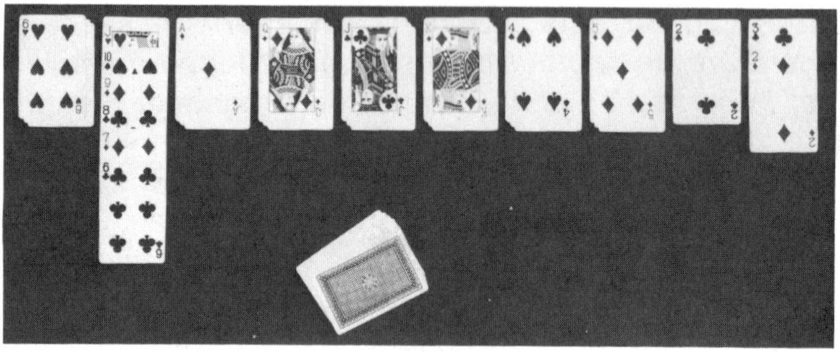

PHOTO 3

Les cartes cachées sont retournées. Cette nouvelle situation offre plusieurs possibilités. Sortez d'abord l'As de carreau, puis posez sur lui le Deux de carreau. Placez le Valet de trèfle sur la Dame de carreau. Une nouvelle carte cachée devient libre. Le Quatre de pique va sur le Cinq de carreau, puis ce Cinq, suivi du Quatre, sur le Six de trèfle, etc.

En déplaçant ainsi les cartes ou les séries de cartes, efforcez-vous de vider des colonnes entières. Puis comblez cette place libre par un Roi, seul ou accompagné d'une série de cartes (Roi, Dame, Valet, etc.). *Les espaces libres sont réservés aux Rois.*

Regardez la photo 4: Les 2 dernières colonnes du tableau représentent 2 espaces libres comblés par les Rois suivis d'une série de cartes.

Allons plus loin. Vous avez effectué tous les déplacements possibles. Prenez le talon et posez sur chaque carte terminant une colonne une nouvelle carte, face visible, en lui faisant chevaucher la carte

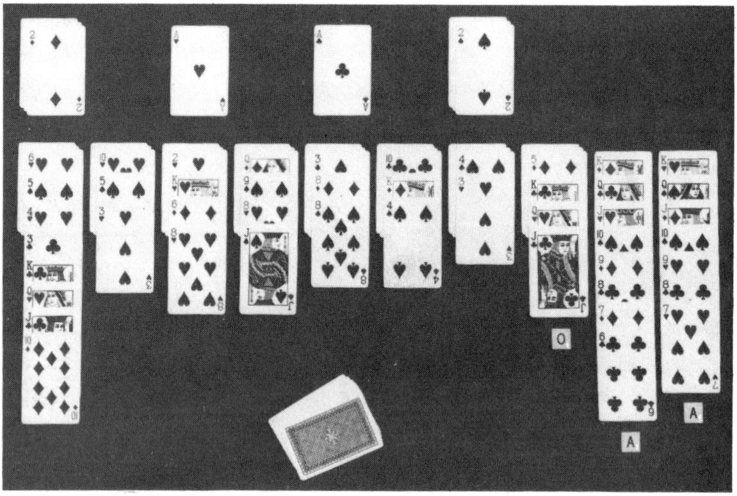

PHOTO 4

d'accueil. *Ne posez pas de cartes dans les espaces libres ou sur les Rois et leurs séries placés dans les espaces libres*, sinon le jeu sera bloqué, car ces espaces qui accueillent les Rois sont justement créés pour faciliter le jeu. En revanche, posez des cartes sur les Rois et leurs séries qui ne sont pas venus combler un espace libre.

Exemple: Prenez la photo 4. Sur les 1re et 8e colonnes (marquées par la lettre O), vous poserez une carte, car les séries à partir du Roi qui les forment ne sont pas venues combler un espace libre. Par contre, vous ne poserez pas de carte du talon sur les 2 premières colonnes (marquées par la lettre A), car les séries au Roi qui les composent sont venues combler des espaces libres.

Souvenez-vous que dans 2 jeux de 52 cartes il y a 8 Rois. Il est très important que ceux-ci soient déposés le plus vite possible dans les espaces libres.

Alors, distribuez au bas de chaque colonne une

carte tirée du talon et effectuez de nouveaux déplacements en appliquant toujours la même règle: *carte inférieure sur carte supérieure de couleur opposée.*

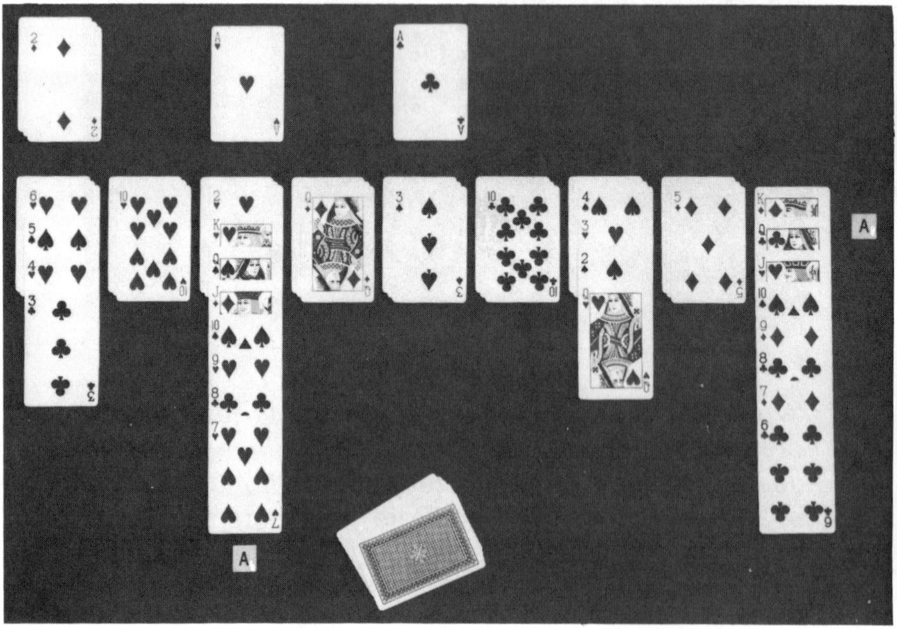

PHOTO 5

Remarquez dans la photo 5, la 3e colonne (marquée d'un A) qui comporte une série de cartes à partir du Roi de coeur. La carte venant du talon bloque cette série qui ne pourra pas être déplacée tant que cette carte n'aura pas été enlevée. À l'opposé, si vous aviez créé un espace libre avant l'arrivée de la nouvelle carte du talon, cette série aurait pu y être placée.

Après chaque distribution du talon, effectuez tous les déplacements possibles. N'oubliez pas de sortir les As au fur et à mesure qu'ils apparaissent dans le tableau et de construire sur eux des piles à l'As dan l'ordre ascendant.

Pour réussir cette patience, vous devez montrer un maximum d'efficacité dans l'art des combinaisons. Réfléchissez bien avant de déplacer les cartes. Empruntez des cartes aux piles à l'As afin de débloquer des colonnes, de libérer les cartes cachées ou de créer des espaces libres pour y placer des Rois, seuls ou suivis d'une série de cartes. Bien sûr, vous ne pouvez emprunter que la carte visible de la pile à l'As.

Exemple: Une pile à l'As se termine par un Cinq (rouge ou noir); dans la 2e colonne, une série se termine par un Six (rouge ou noir); dans la 3e colonne, un Quatre (rouge ou noir). Empruntez le Cinq de la pile à l'As et posez-le sur le Six afin d'y poser aussi le Quatre.

Conseil

Incorporez dans le jeu le plus possible de cartes cachées. Ne vous servez de l'*emprunt* qu'en cas de nécessité. Entre plusieurs possibilités, choisissez toujours la meilleure. Les cartes cachées donnent du charme au jeu en vous laissant dans l'incertitude.

LA FOLLE

…ez soigneusement ensemble 2 jeux de …rtes sans Jokers.

Tableau de base

Formez 4 rangées de 8 cartes découvertes chacune (4 × 8 = 32). Il vous reste 72 cartes en main.

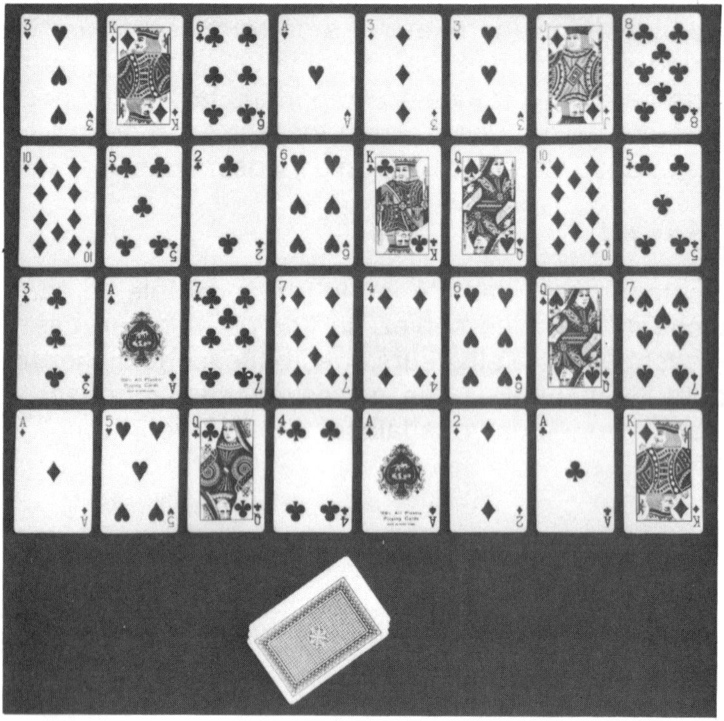

PHOTO 1

Avant de procéder à l'ouverture, observez bien le tableau. Sortez-en toutes les cartes de l'As au Cinq (que nous nommerons ici «cartes inférieures») *par paires de cartes identiques*: 2 As de pique, 2 Cinq de trèfle, 2 Trois de coeur, etc.

Les «cartes supérieures» (du Six au Roi) ne sont pas appariées. Elles entrent dans le jeu.

Octroyez maintenant une couleur à chaque rangée.

La patience est réussie lorsque le tableau est constitué de 4 rangées, une par couleur, composées de 8 cartes allant du Six au Roi.

Vous obtenez ainsi 8 colonnes dont la 1re est composée des Six, la 2e des Sept, la 3e des Huit, la 4e des Neuf, la 5e des Dix, la 6e des Valets, la 7e des Dames et la 8e des Rois.

Avant de décider de la couleur des rangées, regardez s'il y a des cartes qui se trouvent déjà à leur place. Sur la photo 1, la Dame de pique et le Roi de carreau sont à leur place respective. Dans ce cas, attribuez la couleur carreau à la 4e rangée, la couleur pique à la 3e rangée, la couleur trèfle à la 2e rangée et la couleur coeur à la 1re rangée.

Attention! S'il y a, dans le tableau, d'autres cartes identiques à celles qui se trouvent à leur place, sortez-les, car ce sont des «doubles».

Exemple: La Dame de pique (*voir* la photo 1) se trouve à sa place dans la 7e colonne. La 2e Dame de pique (dans la 6e colonne) est son double. Sortez-la du tableau. Le même cas se produit avec le Roi de carreau, qui se trouve à sa place dans la 8e colonne. Sortez son double, l'autre Roi de carreau, de la 2e colonne.

Voyez la photo 2. En sortant les cartes inférieures par paires et les doubles des cartes supérieures (de la Dame de pique et du Roi de carreau), vous créez 8 places libres dans le tableau.

Posez les cartes sorties du tableau sur une pile et

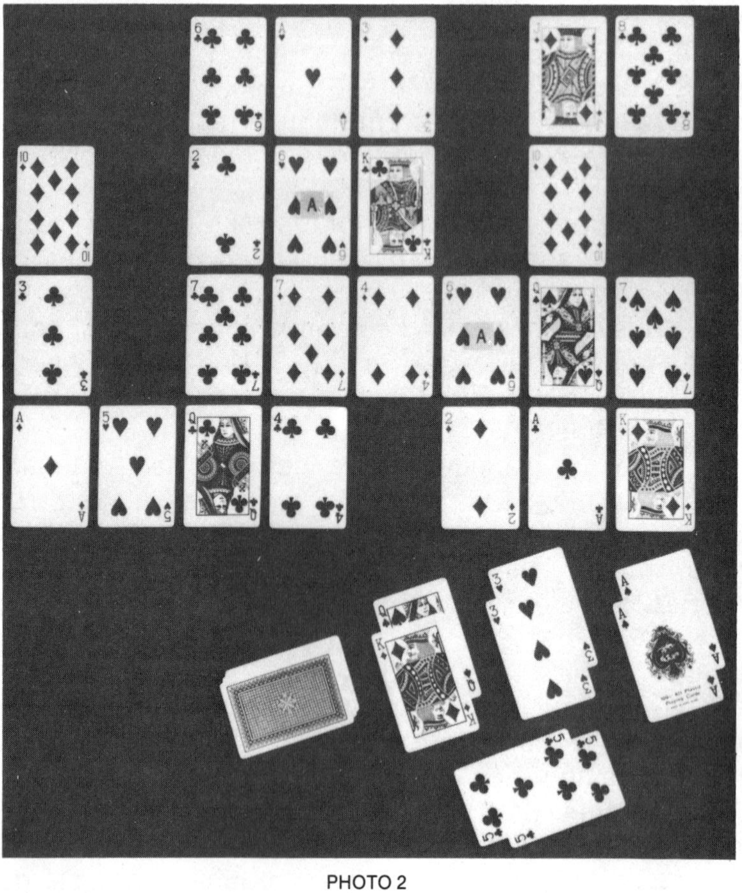

PHOTO 2

n'y touchez plus. Choisissez parmi elles 4 cartes de couleur différente qui, posées à gauche de chaque rangée en indiqueront la couleur (*voir* la photo 3).

Maintenant, mettez un peu d'ordre dans le tableau. Aux places libres, posez les cartes du tableau qui leur sont destinées: Le Six de coeur, qui est dans la 4e colonne, à la 1re place de la 1re rangée, car cette rangée est réservée aux coeurs. Faites de même avec tou-

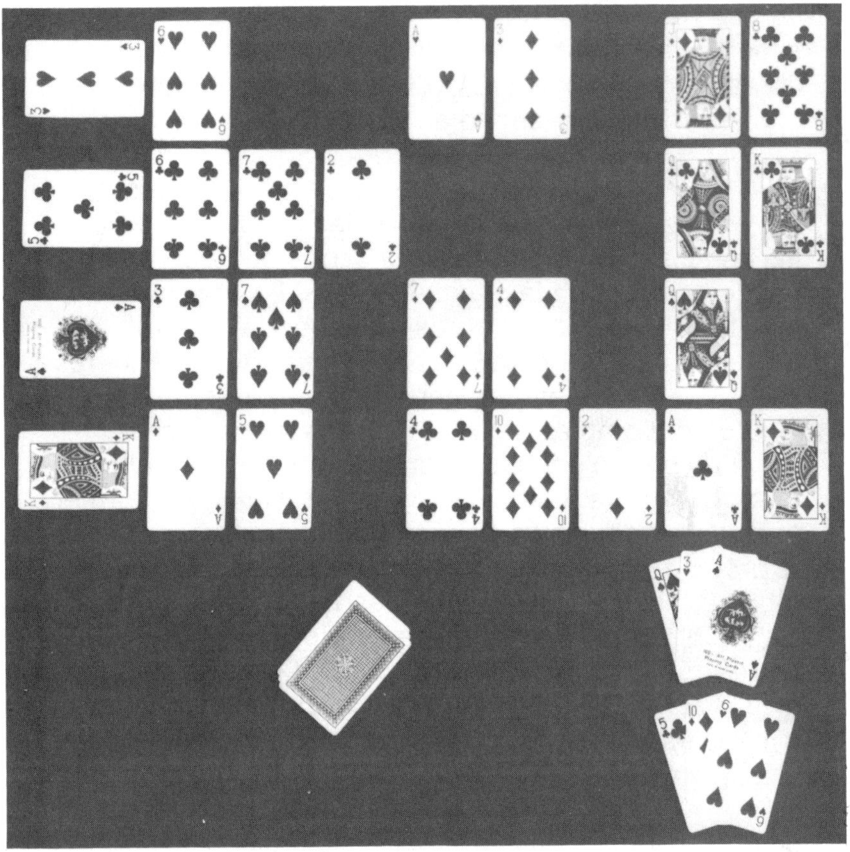

PHOTO 3

tes les autres cartes du tableau pouvant trouver leur place: Le Dix de carreau va dans la 5e colonne de la 4e rangée, le Six et le Sept de trèfle vont dans la 2e rangée. Étant donné que le Dix de carreau se trouve maintenant à sa place, son double, qui est dans la 7e colonne, quitte le tableau (*voir* les photos 2 et 3). Vous créez ainsi de nouveaux espaces libres.

Il peut cependant arriver que le tableau de base soit constitué de telle façon qu'il n'y ait pas de paires de cartes inférieures ni de doubles de cartes supérieures. Dans ce cas, vous n'avez pas de places libres. Peu importe: Attribuez arbitrairement une couleur à chaque rangée et procédez à l'ouverture.

Ouverture

Prenez le talon de 72 cartes face cachée. Comblez les espaces libres en tirant les cartes du talon une par une, en partant de la gauche et de la 1re rangée. Comblez toutes les places libres. Puis observez le tableau. Sortez toutes les nouvelles paires de cartes inférieures et tous les doubles des cartes supérieures. Reprenez le talon et comblez de nouveau les espaces libres.

Lorsqu'il n'y a pas d'espace libre dans le tableau, tirez la 1re carte du talon et regardez si elle peut former une paire avec une carte inférieure du tableau. Si la carte tirée du talon est le double d'une carte supérieure du tableau, posez-la sur la pile des cartes non jouables, c'est-à-dire avec les paires des cartes inférieures. Si la carte tirée du talon ne trouve pas sa place dans le tableau, posez-la face visible au bas du tableau: C'est la *pile de réserve*. Avant de tirer une carte du talon, regardez bien si la carte visible de cette pile de réserve peut combler la place libre du tableau. Il est très important de faire réintégrer de cette façon le tableau aux cartes qui sont passées.

Exemple: Vous tirez du talon un Deux de carreau. Vous constatez que l'autre Deux de carreau se trouve dans la 6e colonne. Donc, la paire est éliminée du jeu.

Les cartes du talon ne sont retournées qu'une fois.

Il peut arriver que la patience soit réussie avant que vous n'ayez retourné toutes les cartes du talon. Le cas est exceptionnel. Parfois, la patience est réussie avec la dernière carte du talon.

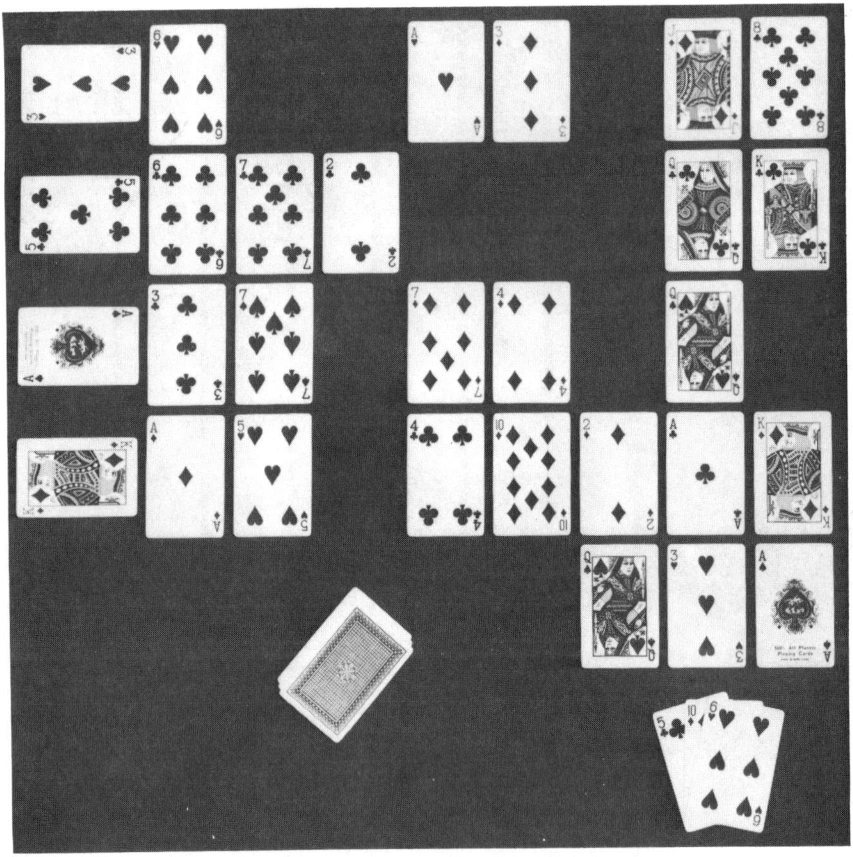

PHOTO 4

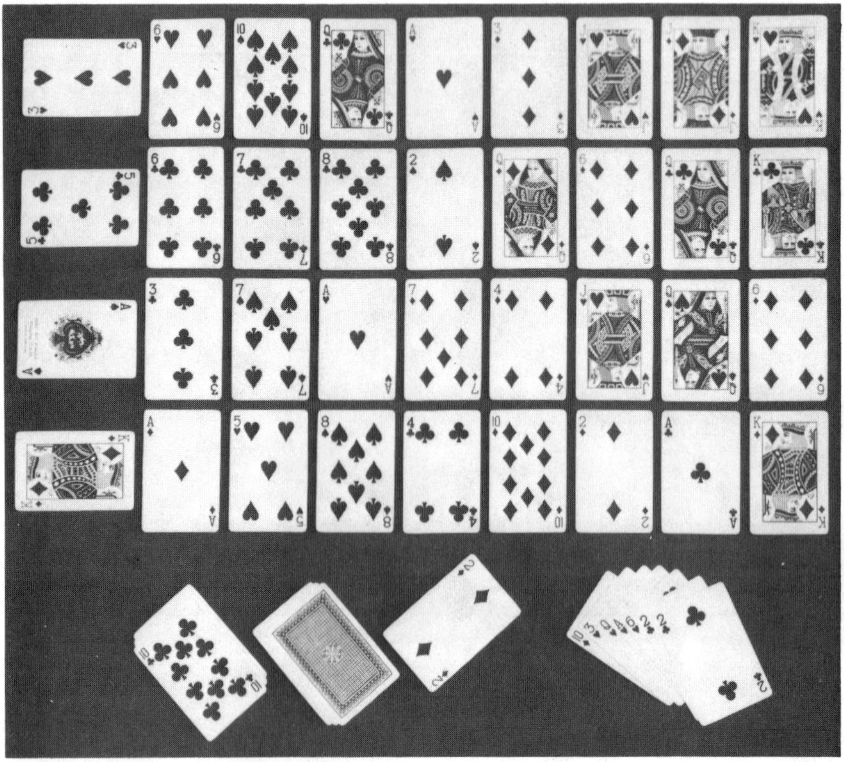

PHOTO 5

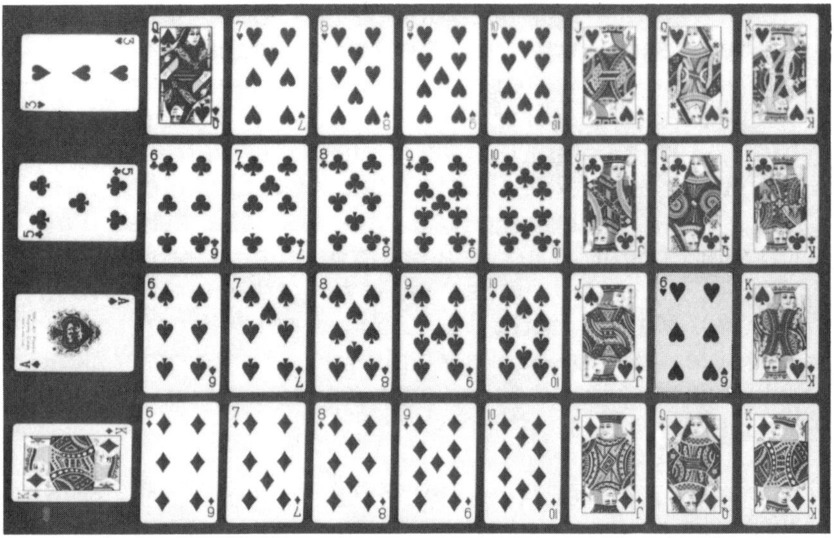

PHOTO 6

Regardez la photo 6: La patience est presque réussie. Cependant, il n'y pas d'issue à cette situation: Le Six de coeur se trouve à la place de la Dame de pique et la Dame de pique à la place du Six de coeur. Ces cartes ne peuvent pas échanger leur place. La patience est donc bloquée.

La Folle compte parmi les patiences les plus difficiles, mais une fois que vous en aurez bien appris les règles, vous ne pourrez pas lui résister. On craint à première vue ses règlements un peu compliqués et ses combinaisons innombrables. Elle demande beaucoup de réflexion et de concentration.

Sa réussite dépend aussi de la disposition des cartes dans le tableau et dans le talon, d'où sans doute son nom: *La Folle*. Vous vous donnez beaucoup de mal pour résoudre un problème, mais tout cela est souvent rendu inutile par une disposition défavorable des cartes dont seul le hasard est responsable.

Encore un conseil: Au début du jeu, veillez à ne pas attribuer aux rangées leur couleur de façon que deux cartes soient l'une à la place de l'autre (comme c'est le cas pour le Six de coeur et la Dame de pique dans notre exemple; il aurait alors fallu éviter d'attribuer la couleur coeur à la 1re rangée où se trouve le Six, et la couleur pique à la 3e rangée où se trouve la Dame). Mais si cette situation se produit pendant le déroulement du jeu, il n'y a plus qu'à l'interrompre, car elle est sans issue. Rassurez-vous, cela arrive très rarement.

Cette patience peut être très intéressante quand on la joue à 2 ou à plusieurs. On réfléchit ensemble, on trouve des solutions, on échange des idées. Ainsi, fait-on moins d'erreurs. Les bonnes occasions sont exploitées au maximum, car le partenaire surveille l'animateur en attirant éventuellement son attention sur une carte...

LES 13 PILES

..... battre un jeu de 52 cartes sans Jokers.

Tableau de base

Formez 2 rangées de 7 et de 6 cartes respectivement. Toutes les cartes sont posées face cachée. Penez le talon et recouvrez ces cartes en faisant encore 3 distributions (4 × 13 = 52). Le tableau est donc constitué de 13 piles de 4 cartes chacune.

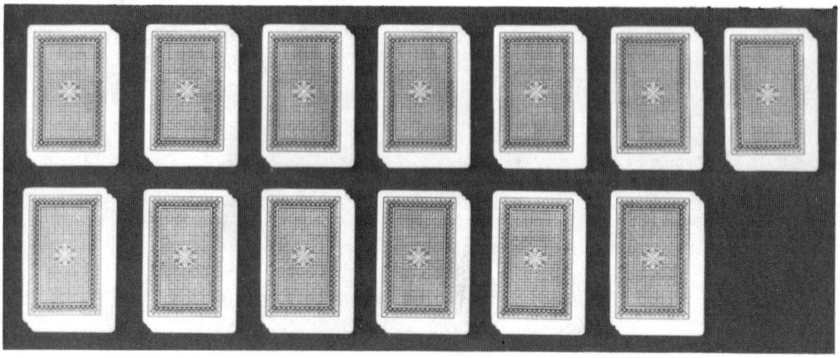

PHOTO 1

Ouverture

Retournez la 1re carte de la 1re pile marquée d'un A sur la photo 2. Glissez-la, face visible, sous la pile qui correspond à sa valeur en la laissant légèrement dépasser de façon à pouvoir l'identifier facilement, sachant que:

la 1re pile correspond aux As;
la 2e pile correspond aux Deux;
la 3e pile correspond aux Trois;
la 4e pile correspond aux Quatre;
la 5e pile correspond aux Cinq;
la 6e pile correspond aux Six;
la 7e pile correspond aux Sept;
la 8e pile correspond aux Huit;
la 9e pile correspond aux Neuf;
la 10e pile correspond aux Dix;
la 11e pile correspond aux Valets;
la 12e pile correspond aux Dames;
la 13e pile correspond aux Rois.

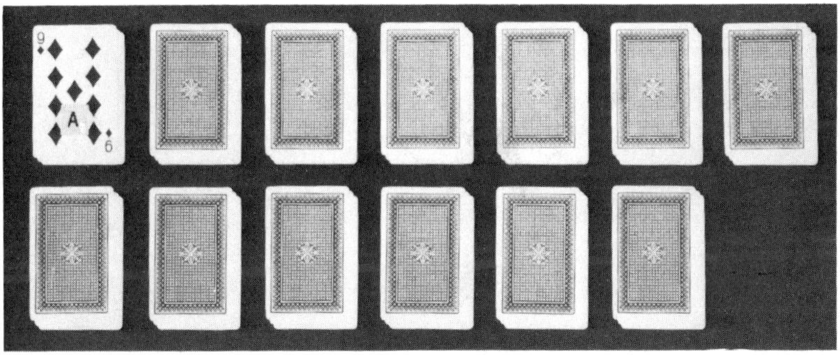

PHOTO 2

Si, par exemple, la 1re carte de la 1re pile est un Neuf, vous glissez celui-ci sous la 9e pile. Vous retournez ensuite la 1re carte de cette 9e pile, que vous glisserez à son tour sous la pile qui correspond à sa valeur, et ainsi de suite.

Les As valent un.

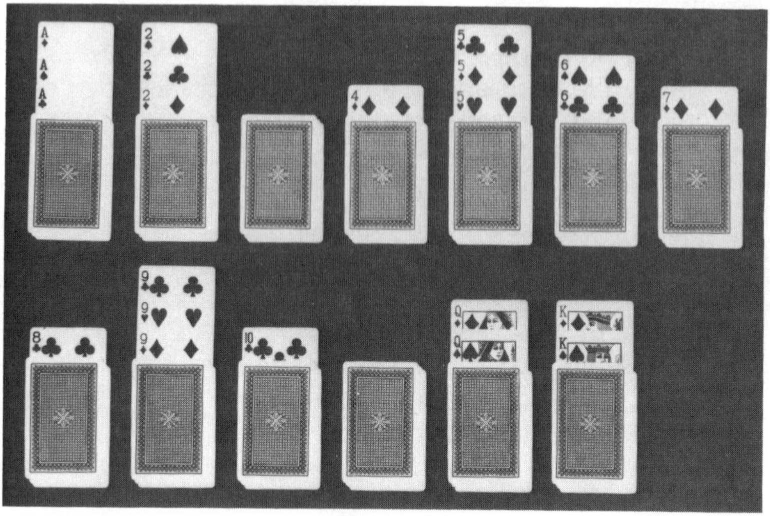

PHOTO 3

Si vous avez utilisé toutes les cartes cachées d'une pile, continuez le jeu en retournant la 1re carte de la 1re pile (comme au début du jeu). Lorsqu'il n'y a plus de carte cachée dans la 1re pile, la patience est bloquée.

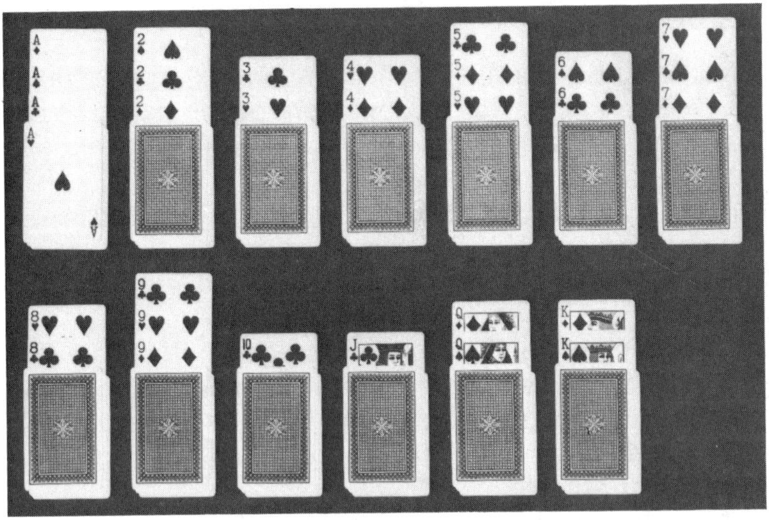

PHOTO 4

La patience est réussie lorsque les 13 piles sont composées de 4 cartes de même valeur.

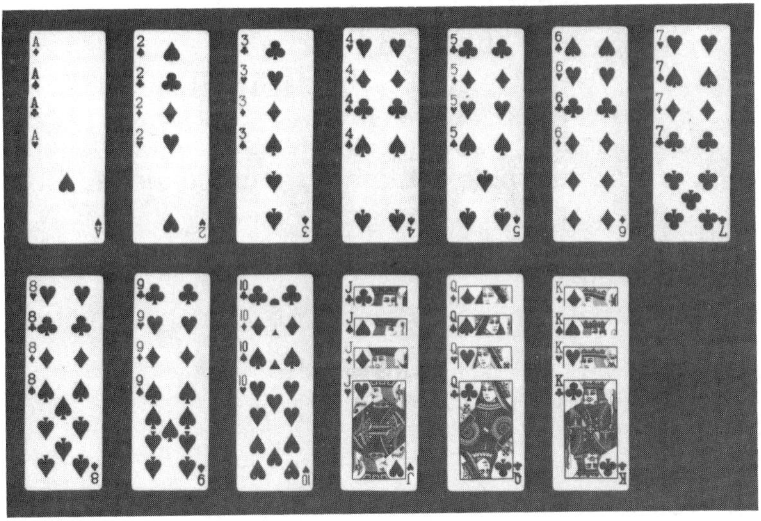

PHOTO 5

Exceptions

Si toutes les piles sont complètes et s'il ne reste qu'une carte cachée, on considère que la patience est réussie, car cette carte appartient forcément à la pile sur laquelle elle se trouve.

S'il y a plusieurs cartes cachées à la fin du jeu et si, en les retournant, vous constatez qu'elles appartiennent à la pile où elles se trouvent, la patience est réussie.

Exemple: Toutes les piles sont complètes, sauf la 2e et la 5e qui sont recouvertes d'une carte cachée. Retournez chacune de ces cartes: Si la carte de la 2e pile est un Deux et la carte de la 5e pile un Cinq, la patience est réussie.

Cette patience est très facile. Elle ne demande pas beaucoup d'efforts et elle n'offre pas non plus de nombreuses possibilités de combinaisons.

Nous la conseillons aux débutants.

LES 13 PILES À DEUX OU À PLUSIEURS

Les joueurs décident à l'avance du nombre de jeux alloués à chacun puis comptent les points de la façon suivante:

- Chaque carte non découverte donne 1 point négatif.
- Une patience réussie apporte 10 points positifs.

PATIENCE POUR DEUX

dans ce livre beaucoup de patiences qui peu- jouées à 2 ou à plusieurs. Celle-ci est la seule où les 2 joueurs soient actifs: Chacun manipule les cartes et joue pour son compte.

Un grand nombre d'amateurs de patiences prétendent que le jeu appelé *Raub* (de l'allemand: «pillage») n'est qu'une patience. Le *Raub* s'est en effet transformé en jeu d'argent, mais c'est là le résultat de la faiblesse humaine. Les amateurs de patiences sont très sensibles lorsqu'il est question de jeux de cartes qui ne sont pas traités comme des patiences... Mais laissons cela. Il ne faut pas oublier que les premières cartes ont été créées pour la distraction.

La patience pour deux, comme son nom l'indique, ne peut être jouée que par 2 joueurs. Il faut 2 jeux séparés de 52 cartes. L'un des 2 jeux comportera 2 Jokers: c'est le «1er paquet». *L'As vaut un.*

Tableau de base

Battez bien le 1er paquet et posez-le face tournée vers la table, au centre. Ce paquet reste toujours face cachée.

Partagez maintenant l'autre paquet entre les joueurs en distribuant les cartes 2 par 2. Puis les joueurs posent leur paquet de 26 cartes, face visible, de chaque côté du 1er paquet. Il s'agit du «paquet personnel». Le joueur qui a la carte la plus forte sur son paquet commence. Il tire 5 cartes du 1er paquet, les retourne, face visible, en forme d'éventail et les observe. Puis c'est le tour de l'autre joueur de tirer 5 cartes du 1er paquet.

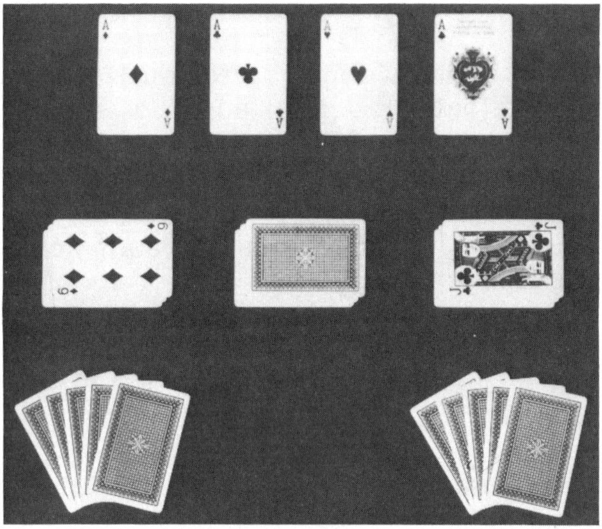

PHOTO 1

Les joueurs ne doivent pas avoir plus de 5 cartes dans les mains.

Ouverture

Les As sont sortis du jeu et posés au-dessus du tableau. Les joueurs y construisent des piles ascendantes à l'As sans tenir compte de la couleur de l'As.

Exemple: As de pique, Deux de coeur, Trois de trèfle ou de carreau, etc.

Le Joker remplace toute autre carte, même l'As. Il permet au joueur de se débarrasser des cartes inutiles qu'il a dans les mains de même que de celles qui se trouvent dans son paquet de 26 cartes.

Exemple: Sur une pile à l'As, il y a un Quatre; le joueur a un Joker et un Six dans les mains. Il pose le Joker sur la pile à l'As à la place d'un Cinq, ce qui lui permet de poser le Six. Il libère ainsi le Six en utilisant le Joker.

Rejet obligatoire d'une carte

Le joueur prend donc 5 cartes du 1er paquet, sort les As, pose toutes les cartes possibles sur les piles à l'As et *met obligatoirement une carte découverte sur la table*, devant lui. Il choisit cette carte parmi celles qu'il a dans les mains.

Maintenant, c'est le tour de l'autre joueur, qui respecte les mêmes règles.

Lorsque le 2e joueur a effectué les mêmes manoeuvres, le 1er joueur tire du 1er paquet autant de cartes qu'il lui en faut pour avoir au total 5 cartes dans les mains.

Exemple: Si, pendant la 1re manoeuvre, il n'a sorti qu'une carte des 5 qu'il avait dans les mains, il ne tire qu'une carte du paquet. S'il a sorti 2 cartes, il en tirera 2, etc.

Attention, il doit toujours garder une carte qu'il posera obligatoirement sur la table, devant lui.

Exemple: Si le joueur a dans ses mains les cartes: As, Deux, Trois, Quatre, Cinq, il posera l'As au-dessus du tableau, puis le Deux, le Trois et le Quatre, mais il doit garder la carte suivante, même si elle correspond tout à fait à la pile de l'As (comme c'est notre cas), et la poser devant lui.

Après la 4e manoeuvre, chaque joueur aura placé devant lui 4 cartes, l'une à côté de l'autre et face visible. On posera les autres cartes obligatoires sur les 4 premières en les chevauchant. Il n'y a pas d'ordre à respecter. Nous conseillons au joueur de poser ces cartes en ordre descendant. Pourquoi? Parce qu'il pourra ensuite placer ces cartes sur les piles à l'As. Mais cela n'est pas une règle, le joueur peut ranger les cartes comme il le veut.

Chaque joueur a pour objectif d'incorporer toutes

les cartes de son paquet de 26 cartes. Comme ce paquet est toujours découvert, le joueur en voit la 1re carte et s'efforce de la placer sur une pile à l'As. *Les cartes du paquet personnel ne peuvent aller que sur les piles à l'As*. Le joueur utilise différentes manoeuvres et les Jokers pour animer la 1re carte de son paquet personnel.

Dès qu'une pile à l'As est complétée, elle retourne dans le 1er paquet. Les cartes sont bien battues puis l'on repose le 1er paquet à sa place.

Le jeu est fini lorsqu'un des joueurs a réussi à placer toutes les cartes de son paquet personnel.

Pendant le déroulement du jeu, il arrive que toutes les cartes du premier paquet soient déplacées. La patience est alors bloquée.

Cette patience dure longtemps et elle est très amusante. Avec l'expérience, chaque joueur apprend à faire des combinaisons et à bloquer le jeu du partenaire pour favoriser l'utilisation des cartes de son paquet personnel.

Pointage

Le but premier de cette patience ne consiste pas à compter les points. Cependant, une telle pratique ajoute un aspect passionnant au jeu.

Lorsqu'un des joueurs a dépensé toutes les cartes de son paquet personnel, l'autre joueur compte les cartes qui restent dans son jeu à lui. *Chaque carte apporte 1 point négatif*. Cependant, le joueur qui a un score négatif mais qui arrive à bloquer le jeu de son partenaire obtient 30 points positifs, alors que l'autre reçoit 30 points négatifs.

LES 2 COLONNES

Battez avec soin un jeu de 52 cartes sans Jokers. Toutes les cartes du tableau sont découvertes.

Tableau de base

Formez une colonne de 5 cartes. À droite de celle-ci, posez une carte toute seule. Puis, à droite de cette dernière, formez une 2e colonne de 5 cartes.

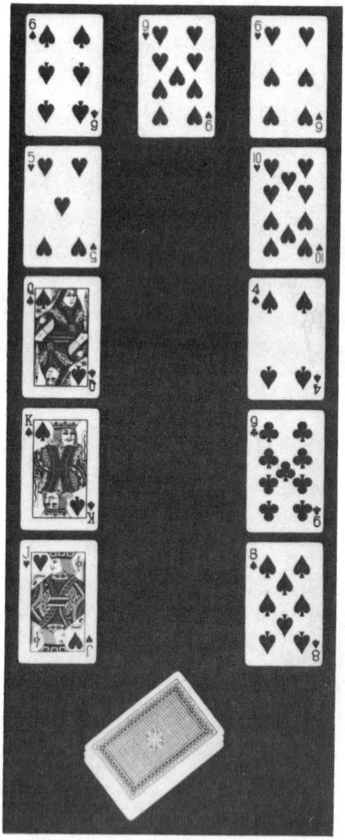

PHOTO 1

La carte posée entre les 2 colonnes est la *carte de base* sur laquelle vous construirez des piles. Pour déplacer les cartes, la règle: *carte supérieure sur carte inférieure de même couleur.* N'importe quelle carte peut jouer le rôle de la carte de base. Si c'est un As, la pile sera construite de la façon suivante: As, Deux, Trois... et ainsi de suite jusqu'au Roi. Si la carte de base est un Huit, la pile sera ainsi formée: Huit, Neuf, Dix, Valet, Dame, Roi, As, Deux, Trois, Quatre, Cinq, Six, Sept. Les cartes de la pile sont dans la couleur de la carte de base.

Ouverture

Faites les déplacements possibles. Dans notre exemple (*voir* la photo 2), on place le Six de coeur sur le Cinq de coeur, le Roi de pique sur la Dame de pique, le Valet de coeur sur le Dix de coeur. On pose la carte supérieure sur la carte inférieure en ne la recouvrant qu'à moitié et en formant une rangée.

Les As sont supérieurs aux Rois.

Toute carte de même valeur que la carte de base est posée au-dessous de celle-ci. Regardez la photo: Il y a un Neuf de trèfle dans la 2e colonne. Prenez cette carte et posez-la au centre en dessous du Neuf de coeur. Vous avez maintenant 2 cartes de base. Sur ces cartes, construisez des piles au Neuf dans la couleur du Neuf de base. Déplacez les cartes, si c'est possible: cela vous permettra de créer des espaces libres dans le tableau.

Prenez maintenant le talon et comblez les espaces libres. Puis déplacez les cartes du tableau. Comblez les nouveaux espaces libres avec les cartes suivantes du talon.

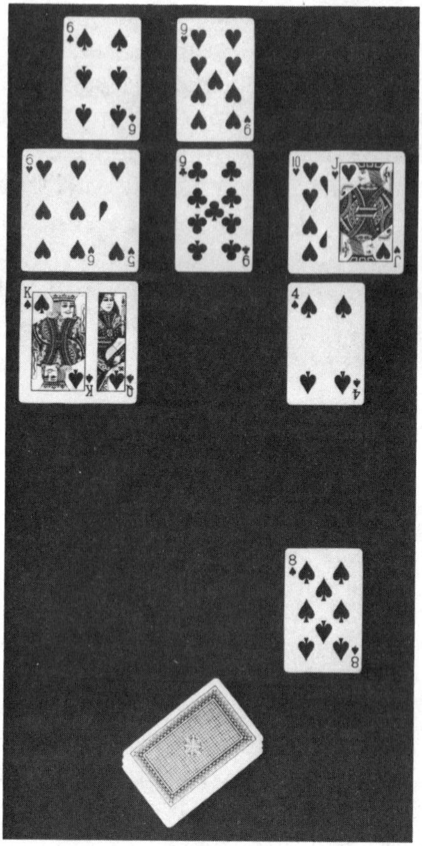

PHOTO 2

Lorsque vous avez effectué tous les déplacements et qu'il n'y a plus d'espaces libres, procédez à la constitution du tableau de la 2e main. Prenez le talon et refaites le tableau de base en posant les cartes sur celles du 1er tableau. *Ne posez pas de cartes sur les cartes de base.* Vous devez poser 10 nouvelles cartes et procéder de la même façon que pour le 1er tableau. Déplacez les cartes selon la règle de la carte supérieure sur la carte inférieure de même couleur.

Vous pouvez déplacer aussi des séries de cartes qui ne sont pas bloquées par une autre carte ou par une autre série. Vous pouvez déplacer ces séries d'un côté à l'autre du tableau (*voir* la photo 2). Vous avez une suite composée du Cinq et du Six de coeur à gauche du tableau. Si vous aviez une série formée du Sept et du Huit de coeur, vous pourriez la poser sur la 1re série.

Exemple: Vous avez une série Huit, Neuf, Dix (de coeur) et une autre série Valet, Dame, Roi (de coeur). Reportez cette 2e série sur la 1re. Mais si l'une de ces deux séries est bloquée par une autre carte (ou une autre série), avant de pouvoir la déplacer il faut la libérer.

La même règle s'applique quand vient le temps de transférer des cartes sur les piles des cartes de base (*voir* la photo 2). Vous pouvez prendre la suite composée du Dix et du Valet de coeur et la replacer sur la carte de base qui est un Neuf de coeur. Lorsque les places libres sont comblées avec les cartes venant du talon et que toutes les manoeuvres ont été effectuées, procédez à une nouvelle distribution de 10 cartes. Construisez le plus rapidement possible les piles des cartes de base. Pour cela, tâchez d'y transférer des séries.

Exemple: La carte de base est un Neuf de coeur; dans une des rangées se trouve la série: Dix, Valet, Dame, Roi, As, Deux, Trois de coeur. Placez alors cette série sur le Neuf de coeur.

Distribuez toutes les cartes du talon. Lors de la dernière distribution, toutes les cartes du tableau ne sont pas obligatoirement recouvertes; cela dépend du nombre de cartes restant dans le talon.

La patience est réussie lorsque toutes les cartes du tableau et du talon forment des piles des cartes de base.

Cette patience est très difficile à réussir. Elle demande un maximum d'attention, de concentration et de réflexion. Le fait de négliger une manoeuvre qui s'offre à vous peut faire échouer la patience. Avant de procéder à une nouvelle distribution de 10 cartes, assurez-vous d'avoir effectué toutes les manoeuvres réalisables.

VARIANTE

Toutes les règles de cette variante des *2 colonnes* sont identiques à celles du jeu de base. La différence est dans la finale: lorsque vous avez distribué toutes les cartes du talon, vous avez droit à 2 manoeuvres supplémentaires. Prenez une carte ou une série de cartes d'une rangée et posez-la ou posez-les dans un espace libre ou sur une autre rangée afin de libérer une carte.

Attention, vous disposez de 2 manoeuvres seulement! Elles peuvent être effectuées dans la même rangée, mais réfléchissez bien avant.

Cette variante est plus facile à réussir que le jeu de base.

LA SUISSE

Battez soigneusement ensemble 2 jeux de 52 cartes sans Jokers.

Tableau de base

Formez 4 rangées composées de 3 cartes découvertes. Sachez que la 1re place de la 1re rangée est réservée aux As; la 2e aux Deux; la 3e aux Trois. La 1re place de la 2e rangée est réservée aux Quatre; la 2e aux Cinq; la 3e aux Six. La 1re place de la 3e rangée est réservée aux Sept; la 2e aux Huit; la 3e aux Neuf. La 1re place de la 4e rangée est réservée aux Dix; la 2e aux Valets et la 3e aux Dames.

Vous connaissez maintenant la valeur attribuée à chaque place, mais n'oubliez pas de la dire à haute voix lors de la distribution des cartes que vous tirez du talon comme elles se présentent. *Lorsqu'une carte tombe à sa place, sortez-la du tableau et remplacez-la par la carte suivante du talon.*

Exemple: Posez la 1re carte du talon sur la place réservée aux As: c'est un Trois; la 2e carte du talon est un Deux, donc elle tombe à sa place. Sortez-la du tableau et posez-la devant vous, face visible. Si à la 9e place arrive un Neuf, cette carte est également sortie et posée à côté du Deux. Regardez la photo 1: Au bas du tableau vous avez un Deux, un Huit et un Valet qui ont quitté le tableau mais qui vont jouer ultérieurement un rôle important.

Chaque fois que vous tirez du talon un Roi — il y en a 8 en tout —, sortez-le du tableau. Placez les Rois de la façon suivante: 4 Rois de couleur différente forment une colonne à gauche du tableau; 4 Rois de couleur différente forment une seconde colonne à

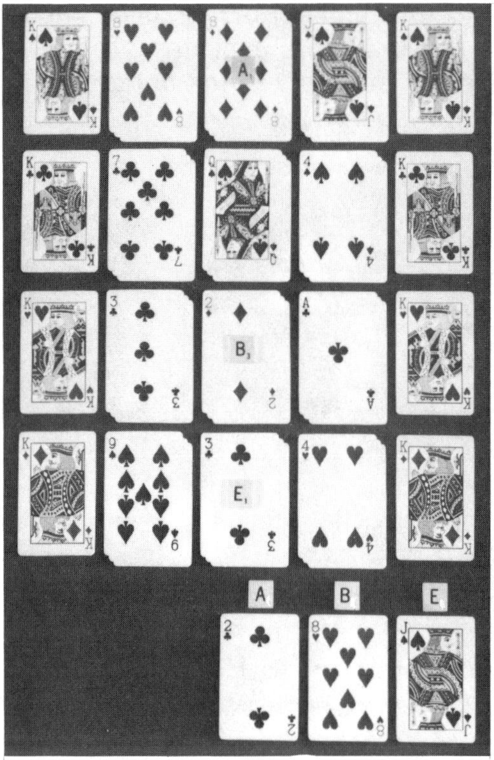

PHOTO 1

droite du tableau.

Les Rois sont placés dans le même ordre des 2 côtés. Construisez sur ces Rois des piles en ordre descendant à gauche et en ordre ascendant à droite. Les cartes doivent être dans la couleur du Roi.

Récapitulons: Formez le tableau, sortez toutes les cartes qui sont tombées à leur place ainsi que tous les Rois. Puis distribuez de nouveau 12 cartes et refaites les mêmes manoeuvres. Après la distribution de toutes les cartes, vous obtenez 12 piles, chacune étant composée de plusieurs cartes. À gauche et à droite du tableau se trouvent les 8 Rois, et au bas du tableau des cartes qui ont quitté celui-ci car elles étaient à leur place. Observez maintenant les cartes du tableau.

Le but du jeu est de former les 8 piles au Roi.

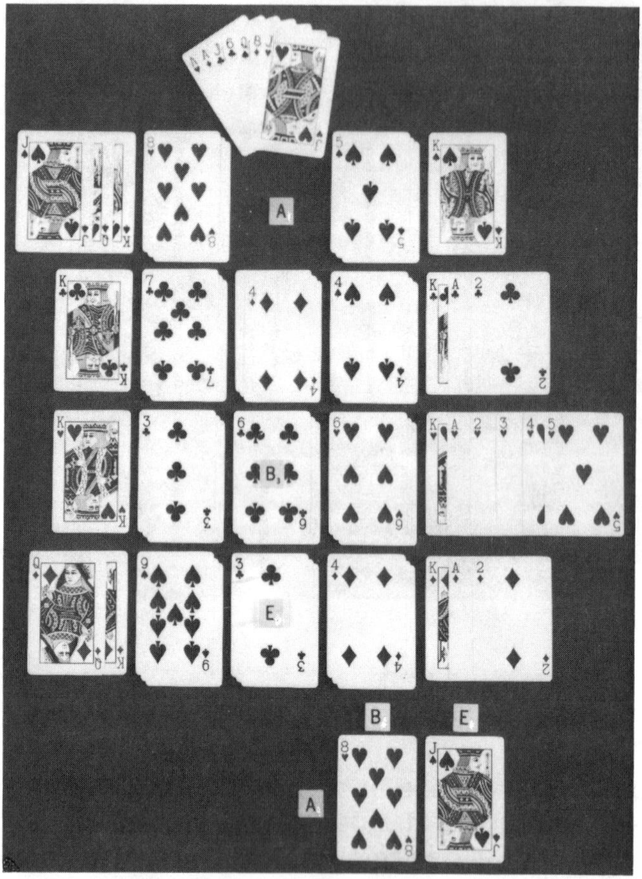

PHOTO 2

Replacez la Dame de pique (*voir* la photo 1) sur le Roi de pique, à gauche du tableau, puis le Valet de pique sur la Dame de pique. L'As de trèfle va sur le Roi de trèfle, à droite du tableau, puis le Deux de trèfle va sur l'As de trèfle. *Placez toutes les cartes qui peuvent aller sur les piles au Roi en ordre descendant (Roi, Dame, Valet, Dix, Neuf, Huit, Sept, Six, Cinq, Quatre, Trois, Deux, As) à gauche du tableau et en ordre ascendant (Roi, As, Deux, Trois, Quatre, Cinq, Six, Sept, Huit, Neuf, Dix, Valet, Dame) à droite du tableau.*

Les cartes qui apparaissent sous les cartes déplacées entrent dans le jeu. Plus elles sont nombreuses, plus la patience a de chances de réussir.

Regardez maintenant les cartes qui ont quitté le tableau. Prenez, par exemple, le Deux (*voir* la photo 2) puis la pile qui correspond aux Deux (A). Ouvrez les cartes de cette pile en éventail et placez-les, si possible, sur les piles au Roi. S'il en reste, ordonnez-les comme vous le désirez, puis reposez la pile à sa place. Faites de même avec les autres cartes qui ont quitté le tableau: dans notre exemple, le Huit (B) et le Valet (E).

Lorsque vous avez effectué toutes les manoeuvres possibles et que le jeu est bloqué, ramassez les cartes du tableau (celles que vous avez disposées en 4 rangées de 3 piles chacune) et battez-les bien, ce qui est très important.

Deuxième tableau

Disposez les cartes comme pour le 1er tableau: En 4 rangées composées de 3 cartes chacune. Sortez les cartes qui tombent à leur place. Déplacez toutes les cartes allant sur les piles au Roi. N'oubliez pas de vous servir des cartes qui ont quitté le tableau. Bref, effectuez les mêmes manoeuvres que dans le 1er tableau. Puis ramassez toutes les cartes du tableau, battez-les bien et procédez à la construction du *3e tableau.*

La patience est réussie quand les 8 piles au Roi

(4 en ordre ascendant et 4 en ordre descendant) sont complètes.

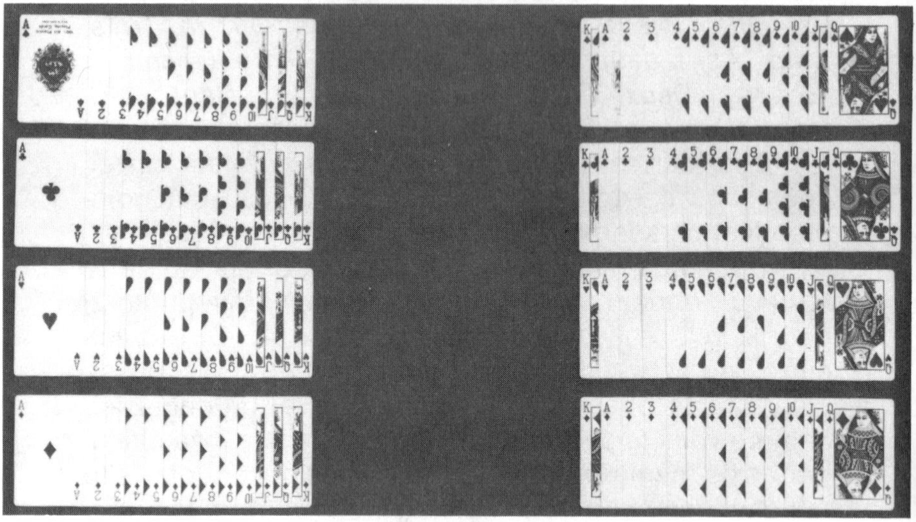

PHOTO 3

Transfert des cartes

Vous avez dans une pile au Roi de pique (à droite du tableau) la série suivante: Roi, As, Deux, Trois, Quatre, Cinq, Six et Sept. Sur les piles du tableau se trouvent un Deux, un Trois et un Quatre (de pique). Sur la pile au Roi de pique (à gauche du tableau), il y a la série: Roi, Dame, Valet, Dix, Neuf et Huit.

Prenez le Sept de la pile au Roi (à droite du tableau) et transférez-le sur le Huit de la pile au Roi (à gauche du tableau). Puis déplacez le Sept, le Six et le Cinq. Maintenant, prenez le Quatre de pique du tableau, le Trois et le Deux, et complétez la pile au Roi. Vous avez ainsi réussi à animer les autres cartes. Le transfert peut être fait de plusieurs façons.

LA SUISSE À DEUX

Cette patience est très amusante et attire l'attention des spectateurs. En effet, les joueurs expérimentés ont trouvé le moyen de susciter l'intérêt des spectateurs de cette patience par la façon de compter les points. Elle peut donc être jouée à 2 ou à plusieurs. Elle prend ainsi un caractère compétitif, bien que ce ne soit pas là son but premier.

Les joueurs procèdent à tour de rôle à l'ouverture de la patience.

Quand le jeu est terminé, chaque pile au Roi complète apporte 2 points positifs. Après une ou plusieurs ouvertures, les joueurs additionnent leurs points.

Table des matières

Achevé d'imprimer au Canada
Imprimerie Gagné Ltée Louiseville